CHATENKA
Шатенка

CHATENKA

© François Garijo 2018

Dépôt Légal Juillet 2018

N° ISBN : 979-10-97252-00-7

EAN : 9791097252007

INTRODUCTION

Надо нынче как никогда…

Усердно веровать в Бога и жить в Боге,

ибо дни лукавы суть и время коротко.

Иоанн Крестьянкин

Il est maintenant plus que jamais nécessaire…

De croire fidèlement en Dieu et de vivre en Dieu

car les jours sont trompeurs et le temps est court.

Archimandrite Ioann Krestiankin

Il existe un mot Russe, Стремление, qui signifie à la fois le désir insistant de réaliser quelque chose et une aspiration nécessaire conditionnée intérieurement. Cette nécessité éternelle, irrépressible, indomptable, subconsciente, est le besoin inné d'aimer et de recevoir en retour la réciprocité des sentiments.

Le lien entre l'amour, l'âme et le divin est à la base de mes inspirations sentimentales, comme une transcendance d'âmes sœurs, deux moitiés réunies dans un tout tel un don de Dieu, révélant à chacun sa destinée.

Nous sommes capables du meilleur, pour autant que l'on soit sincère, et que nos actions proviennent des profondeurs de notre âme. D'origine céleste, elle est ce qui relie l'être humain à la Source divine se trouvant en toute chose incorruptible et éternelle, elle est l'écrin de l'amour, l'essence de la vie. On ne peut parler de romantisme, l'amour est parfait, car nous sommes uniques et interdépendants les uns des autres, liés naturellement, certains le subliment dans l'absolu, d'autres le dénaturent.

Ce qu'il y a de merveilleux dans l'amour inconditionnel, c'est qu'il nous enrichit, nous nourrit profondément. Il a le pouvoir de nous combler sans même que nous n'ayons d'exigences en retour, par son caractère idéaliste et absolu il est l'apanage d'un petit nombre de personnes émotionnelles et sensuelles, qui comblent leur partenaire tout au long de leur vie avec dévotion et fidélité.

François Garijo

PRESENTATION

J'ai toujours souhaité un amour conjugal réciproque long, durable, indestructible.

Comment exprimer toute la force de cette rencontre pour un amour attendu tout au long d'une vie et que l'on trouve enfin au crépuscule de son existence.

Quand une personne que vous aimez sincèrement est absente et qu'il n'y a que le vide en vous, alors le reflet de cette âme , telle une moitié de sa propre image reflétée dans le miroir et sans laquelle la nôtre est incomplète.

Le premier échange où deux personnes se voient en dehors des apparences comme deux âmes promises s'entrouvrant leurs portes face à face et patiemment, attendant que les regards de l'un et de l'autre portent à l'intérieur.

Si la personne qui est à nos côtés nous fait ressentir de la joie et du désir, alors c'est qu'elle est généreuse en émotions à notre encontre, elle nous aime malgré nos défauts, nous devons la combler en retour et chérir ces sentiments qu'elle nous porte car ils seront la source de notre bonheur mutuel.

Nous sommes capables de mots d'amour merveilleux dans les premiers temps de la relation, lorsque passées les années nous ressentons encore profondément en nous la relation fusionnelle et sommes capables d'écrire les mots les plus tendres dictés par notre cœur avec plus de beauté et d'amour qu'au premier jour sans penser à l'apparence, et à l'usure du temps, alors nous savons combien nous éprouvons de joie de vivre en étant ensemble.

Nous comprimes que notre amour était réciproque, quand nous ne vivions pas ensemble, mais l'un pour l'autre.

Je pense que le destin ne permet qu'une seule et unique rencontre prédestinée de ce type.

L'amour se donne et se reçoit et il s'entretient dans le temps comme un Don Divin pour deux personnes unies.

Le temps fait son œuvre, effiloché par une étreinte, à peine l'esquisse d'un baiser, et déjà une vie est passée, vécue comme en un jour.

Sur la soie de douces lèvres, une caresse subtile consent l'esquisse d'un baiser timide.

D'une délicate main, tel l'envol d'un murmure, je me couvre de promesses que ta présence réveille.

Confondu d'émotions que le désir ne submerge, ta tendresse me drape dans la ferveur de ton étreinte.

Saurions-nous chercher d'autre beauté, que celle qui se cache dans la résonance d'un cœur futile frissonnant de solitude.

Le bonheur qui ne dure est de loin le plus cher, aujourd'hui tu le touches et demain tu le perds.

Une vie ne suffit pour chercher ce que l'autre ne donne, tant de jours l'on a et si peu de temps encore.

D'un voile amoureux l'oubli nous submerge, ne pensant plus à hier, n'espérant rien de demain.

Dans un jour avec toi, une vie entière j'ai vécue, tant d'un souffle subtil ta voix me suffit.

Tendres murmures et visages qui s'effleurent, par des mots indécis tant de capricieuses convenances.

Voluptueuse impudique, ton âme se dévoile, telle l'ondulante rosée de ta capiteuse tendresse.

L'automne frémit, sont esprit vagabonde, tant de larmes on sécha sur l'étreinte d'une vie.

Il n'est de bonheur qui ne soit réciproque, avec l'espoir infini, de vaincre toutes les épreuves.

Douces joues qui rosissent pour d'un amour complice par de tendres murmures, c'est l'enfance qui nous fuit, nos passions dans le temps, c'est l'oubli qui les soigne.

Suspendu à tes regards je n'en espérais rien.

Au fond de mon âme j'en attendais tout.

François Garijo

Мы должны помнить, что всякий человек, кого мы встретим в течение нашей жизни, даже случайно, даже находясь в метро, в автобусе, на улице, на кого мы посмотрели с сочувствием, с серьезностью, с чистотой, даже не сказав ни слова, может в одно мгновение получить надежду и силу жить.

Есть люди, которые проходят через годы, никем не опознанные, проходят через годы, будто они ни для кого не существуют. И вдруг они оказались перед лицом неизвестного им человека, который на них посмотрел с глубиной, для которого этот человек, отверженный, забытый, несуществующий — существует.

И это начало новой жизни.

Об этом мы должны помнить.

Антоний Сурожский

Nous devons nous rappeler que chaque personne que nous rencontrons au cours de nos vies, même accidentellement, même dans le métro, dans le bus, dans la rue, à qui nous avons regardé avec sympathie, sérieux, pureté, sans même dire un mot, cela peut en un instant, obtenir l'espoir et la force de vivre.

Il y a des gens qui traversent les années, qui ne sont reconnus par personne, qui traversent les années, comme s'ils n'existaient pour personne.

Et soudain, ils ont été face à une personne inconnue qui les a regardés avec une profondeur pour laquelle cette personne, rejetée, oubliée, inexistante - existe.

Et c'est le début d'une nouvelle vie.

Et nous devons nous souvenir de cela.

Anthony de Sourozh

Chatenka
Шатенка

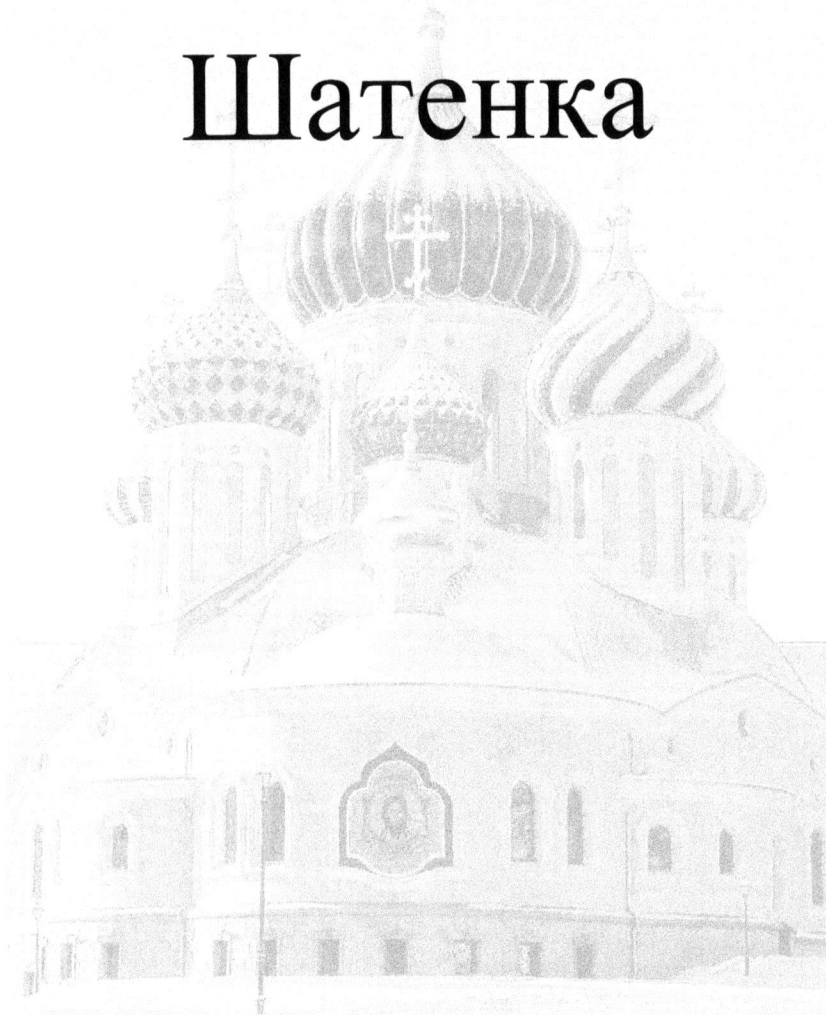

François Garijo

То ли мы сердцами остываем
То ль забита прозой голова
Только мы все реже вспоминаем
Светлые и нежные слова

Словно в эру плазмы и нейтронов
В гордый век космических высот
Нежные слова, как граммофоны
Отжили и списаны в расход

Только мы здесь, видимо, слукавили
Или что-то около того
Вот слова же бранные оставили
Сберегли ведь все до одного

Впрочем, сколько человек ни бегает
Средь житейских бурь и суеты
Только сердце все равно потребует
Рано или поздно красоты

Не зазря ж оно ему дается!
Как ты ни толкай его во мглу
А оно возьмет и повернется
Вновь, как компас, к ласке и теплу

Говорят, любовь немногословна
Пострадай, подумай, раскуси
Это все, по-моему, условно
Мы же люди, мы не караси

И не очень это справедливо
Верить в молчаливую любовь
Разве молчуны всегда правдивы
Лгут ведь часто и без лишних слов

Чувства могут при словах отсутствовать
Может быть и все наоборот
Ну а если говорить и чувствовать?
Разве плохо говорить и чувствовать?
Разве сердце этого не ждет?

Что для нас лимон без аромата?
Витамин, не более того
Что такое небо без заката?
Что без песен птица? Ничего

Пусть слова сверкают золотинками
И не год, не два, а целый век
Человек не может жить инстинктами
Человек - на то и человек

И уж коль действительно хотите
Чтоб звенела счастьем голова
Ничего-то в сердце не таите
Говорите, люди, говорите
Самые хорошие слова

Эдуард Асадов

Со временем, мы начинаем лучше понимать молчание, читать между строк и заглядывать людям в души.

Наши чувства и отношения друг к другу с годами приобретают новые оттенки нежности душевности и любви, сейчас душой чувствуем друг друга, любящие люди чувствуют друг друга, все быстро случилось и произошло, словно мы очень много лет хорошо знали друг друга и чувствовали, что хотим.

Я сейчас думаю, что во время этой встречи мы оставили друг в друге все самое дорогое что в нас есть:

Одним из главных признаков счастья, гармонии.

Au fil du temps, nous commençons à mieux comprendre le silence, lire entre les lignes et regarder les gens dans les âmes.

Nos sentiments et attitudes l'un pour l'autre avec les années acquièrent des nouvelles nuances de tendresse, spiritualité et d'amour, maintenant nous ressentons l'âme de l'un et de l'autre, les personnes amoureuses se ressentent l'un l'autre, tout s'est vite passé comme si nous nous connaissions depuis de nombreuses années et resssenti que nous le voulions.

Je pense maintenant que pendant cette réunion nous nous sommes donnés, l'un à l'autre ce qu'il y a de plus cher en nous :

L'un des principaux signes de bonheur est l'harmonie.

Твоя душа и отношение ко мне очень нежное доброе и рядом и на расстоянии, это очень душевные знаки внимания, они могут возникнуть просто так, только по велению сердца.

У меня тоже с каждым годом любви и нежности становится больше к тебе.

Ты будешь со мной всегда в любом случае из своей души, я тебя не отпущу никогда и ты это будешь чувствовать.

Если будет суждено то конечно мы будем вместе и до конца.

Я теперь знаю, как сильно тебя люблю, ты мое счастье и хочу дарить тебе все лучшее, что есть во мне...чтобы твоя жизнь была прекрасна и твоя душа была спокойна и в ней горел лучик любви ко мне и никогда не угасал.

Ton âme et ton attitude envers moi sont très tendres et douces, à coté et à distance, ce sont des signes très émouvants d'attention, ils peuvent surgir comme cela, seulement à la demande du cœur.

J'ai aussi plus d'amour et de tendresse pour toi chaque année qui passe.

Tu seras toujours avec moi de toutes façons dans mon âme je ne te laisserai jamais partir, et tu ressentiras cela.

Si nous sommes destinés, alors bien sûr nous serons ensemble jusqu'à la fin.

Maintenant, je sais combien je t'aime, tu es mon bonheur, et je veux te donner tout ce qu'il y a de mieux en moi, que ta vie soit parfaite et ton âme était calme et qu'il brûle un rayon d'amour pour moi, et ne s'éteindra jamais.

Глубокая любовь долгая инепроходящая уже много лет.

Лишь тем мечтам суждено исполниться которые идут от сердца.

Нужно жить с нежностью в душе, с любовью к окружающим.

Мы не будем терять наши чувства, они такие редкие, будем беречь и заботиться нежно друг о друге и пусть все будет еще лучше.

Обойми же меня сильнее, с любовью вообще ко всему, чем дольше длится ожидание, тем слаще будет встреча.

Чмок.

L'amour profond n'est pas passé pendant de nombreuses années.

Seuls les rêves qui viennent du coeur sont destinés à s'accomplir.
Tout
Il est necessaire de vivre avec tendresse dans lâme et de l'amour tout autour.

Nous ne perdrons pas nos sentiments, ils sont si rares nous chérirons et prendrons soin l'un de l'autre doucement et que ce soit encore d'avantage meilleur.

Serre moi fort, avec de l'amour par dessus tout, plus l'attente est longue, plus la réunion sera douce.

Bisou.

Понимаешь я словно душой вдохнула в тебя свою любовь.

Я пил твою души неспешно, за глотком глоток и также вдыхал в тебя свою душу.

Я знаю, что для тебя это было в первый раз в твоей жизни, ты ощутил такой покой и безмятежность твоего сердца, наверное мы с тобой друг для друга самое светлое чистое нежное желанное то что мы ждали всю свою жизнь.

Мечтаю о нежном тихом уютном будущем с тобой, жить в любви и уважении.

Знаешь, почему нам так хорошо вместе?

Потому что наши чувства очень искреннее настоящие и такие глубокие.

Tu comprends, toute mon âme à été aspirée par mon amour pour toi.

J'ai bu ton âme lentement à petites gorgées et j'ai aussi inhalé mon âme en toi.

Je sais que pour toi c'était la première fois de ta vie, tu as ressenti cette paix et cette sérénité de ton cœur, nous sommes probablement avec toi l'un pour l'autre ce qu'il y a de plus léger, pur, tendre et désirable que nous avons attendu toute notre vie.

Je rêve aussi d'un avenir douillet et calme avec toi, vivre dans l'amour et le respect.

Sais-tu pourquoi nous nous sentons si bien ensemble ?

Parce que nos sentiments sont très sincères et profonds.

Красота женщины не в одежде, фигуре или прическе.

Она - в блеске глаз. Ведь глаза - это ворота в сердце, где живет любовь.

Красота женщины не во внешности, истинная красота отражена в ее душе.

Если ты меня любишь, значит, ты со мной, за меня, всегда, везде и при всяких обстоятельствах.

Я хотел бы тихой семейной жизни в счастье уважении и взаимности во всем.

Дай мне только коснуться твоей одинокой руки.

Я хочу быть с тобой каждый миг тот, который ты дышишь.

Любящие люди чувствуют друг друга.

Любят они всегда искренне, горячо и отличаются верностью тем, кого выбрали.

В душе своей люди всегда носят образы тех, кого любят, они живут в сердце.

Нежная душа всегда благоухает прекрасным оттенком добра, теплоты и понимания.

В нежности цветёт душа, это дар Божий тебе в подарок!

Мы очень глубоко проникли друг другу в души и в сердце и также глубоко и нежно в тело друг друга и это все что нам нужно с тобой.

La beauté d'une femme n'est pas dans les vêtements, la figure ou les cheveux.

Elle est dans l'éclat de ses yeux, après tout, les yeux sont la porte d'entrée du cœur où l'amour vit.

La beauté d'une femme n'est pas en apparence, la vraie beauté se reflète dans son âme.

Sit u m'aimes, cela signifie que tu es avec moi, pour moi, toujours, partout et dans n'importe quelles circonstances.

Je voudrais une douce vie familiale, dans le bonheur, le respect et la réciprocité en tout.

Laisse-moi seulement toucher ta main solitaire.

Je veux être avec toi chaque instant que tu respires.

Les personnes amoureuses se ressentent l'un l'autre.

Ils aiment toujours sincèrement, ardemment et fidèlement ceux quils ont choisi.

Dans leur âme, les gens portent toujours des images de ceux qu'ils aiment, ils vivent dans le cœur.

Une âme tendre est toujours parfumée, avec une belle nuance de gentillesse, de chaleur et de compréhension.

La tendresse s'épanouit dans l'âme, c'est un cadeau de Dieu pour toi !

Nous avons pénétré profondément l'un l'autre dans l'âme et le cœur, et aussi profondément et doucement dans le corps de l'autre et c'est tout ce dont nous avons besoin avec toi.

Что такое любовь?

Ты моё лучшее и единственное вдохновение, любовь всей моей жизни, я сделал тебя Единственная, единственная важная для меня вещь, я сделал это в надежде на то, что твое будущее и мое будет с вторая раз и вовремя больше если судьбой предназначено нам отныне быть вместе, нераздельно, еще я верю чему-то важному будет красиво быт твойм.

Если судьбе будет угодно, она не раз еще сведет между собой людей, которые однажды разминулись.

Ты и правда единственная важная для меня вещь.

Я счастлив от того что я тебя люблю и хочу

И на чувственных губах целую.

Qu'est-ce que l'amour ?

Tu es ma meilleure et unique inspiration, l'amour de toute ma vie, j'ai fait de toi mon unique, la seule chose importante pour moi, je l'ai fait dans l'espoir que ton futur et le mien auront une seconde fois, et en son temps, plus si notre destin est dorénavant d'être ensemble, inséparablement, je crois encore aussi quelque chose d'important, ce sera magnifique d'être à toi.

S'il plait au destin, il rassemblera plus d'une fois les gens qui se sont un jour manqués.

Tu es réellement la chose la plus importante pour moi.

Je suis heureux de t'aimer et de te vouloir.

Et sur des lèvres sensuelles je t'embrassse

Найти вторых половинок.

Мы встречаем только тех, кто уже существует в нашем подсознании
душа способна без труда перенестись в самое отдаленное место, она
совершенно не ощущали течения времени.

Иикогда не будем ошибаться, у нашей Души уже есть ответы, в
глубине нашей души.

Любовь – самое прекрасное и самое человечное из всех человеческих
чувств.

Она вдохновляет людей на все лучшие в жизни поступки,
эмоциональная связь оставляет в нашей душенеизгладимый след.

А есть люди для души и сердца!

Trouver secondes moitiés.

Nous ne rencontrons que ceux qui existent déjà dans notre subconscient,
l'âme est capable de se déplacer facilement vers l'endroit le plus reculé, elle ne
ressent pas le cours du temps.

Nous ne nous tromperons jamais, dans nos âmes il y a toutes les réponses,
profondément dans notre âme.

L'Amour est le plus beau et le plus humain de tous les sentiments humains,
il inspire chez les gens tout le meilleur dans les choses de la vie.

La connexion émotionnelle laisse une marque indélébile dans notre âme.

Il y a des gens pour l'âme et pour le cœur !

Я наслаждаюсь нашими отношениями, для меня это очень важная тема в моей жизни.

Я хочу и могу дарить тебе свою любовь и еще много всего приятного.

Ты спрашиваешь во что же я верю.

Не знаю с чего и начать.

Хочу с улыбкой на губах.

Я верю в то, что время не повернуть вспять и что все когда-то проходит, и поэтому, нужно дорожить тем, что у нас есть, ценить моменты, каждую секунду, каждое мгновение.

Я принадлежу тебе.

J'apprécie notre relation, pour moi, c'est un sujet très important dans ma vie.

Je veux et peux te donner mon amour et beaucoup d'autres choses agréables.

Tu me demandes ce que je crois.

Je ne sais pas par où commencer.

Je veux avec un sourire sur les lèvres.

Je crois que le temps ne se retourne pas et que tout passe une fois, et donc, il faut chérir ce que l'on a, apprécier les moments, chaque seconde, chaque instant.

Je t'appartiens.

Для меня большая честь познакомиться с тобой.

Знакомство с тобой это самое приятное знакомство в моей жизни.

Я счастлив, что все так получилось, ка бы нас с тобой-да судьба свела не важно сколько преград и разлук будет на пути.

Как здорово, что нас с тобой свела судьба.

Соединил нам души тайно и всё для нас определил.

Господь нам счастье подарил.

Прежде, чем пламя жизни угаснет.

C'est un grand honneur pour moi de te connaître.

Faire ta connaissance a été la rencontre la plus agréable de ma vie.

Je suis heureux que tout se soit arrivé, si toi et moi sommes ensemble, que le destin nous ait réunis, peu importe le nombre d'obstacles et de séparations qui seront sur le chemin.

Combien il est formidable que nous soyons avec toi réunis par le destin.

Il nous a secrètement connecté nos âmes et tout défini pour nous.

Le Seigneur nous a donné le bonheur.

Avant que la flamme de vie n'expire.

Добрая душа человека выделяет светлую положительную энергию, то что случилось между нами искренняя чувственность, и то что мы чувствуем друг к другу, это по велению Бога!

Каждая отдельная мысль, каждое наше действие, каждое чувство определяет то, кем мы становимся.

Наверное это и есть внутренний магнетизм, который воздействует на человека сильнее любой картинки.

Твой образ тоже глубоко в моей душе.

Искренняя любовь – редкое чувство.

За все приятное и редкое нужно благодарить и помнить, мы с тобой такие благодарные.

La douce âme d'un homme dégage une énergie positive vive, ce qui s'est passé entre nous, notre sensualité sincère, et ce que nous ressentons l'un pour l'autre, est à la demande de Dieu !

Chaque pensée, chaque action, chaque sentiment détermine qui nous devenons.

C'est probablement le magnétisme interne, qui affecte une personne plus que toute image.

Ta sensualité sincère pénètre profondément dans mon âme.

Ton image est aussi profondément dans mon âme.

L'amour sincère est un sentiment rare.

Pour tout ce qui est agréable et rare, il est besoin de remercier et de se souvenir, nous sommes avec toi si reconnaissants.

Во всём чиста твоя душа.

Мечтал я только о тебе.

И жил в надежде нашей встречи, по миру рыскал и искал, судьба нам щедро подарила наши ожиданья, случилось то, о чём мечтал.

Судьба свела нас не смотря на расстояние.

Родная моя, я вспоминаю, как мы вместе проводили время и были поистине счастливыми.

Ты же это помнишь так же, как и я?

Как бы нас с тобой судьба свела, судьба свела нас не случайно.

Ton âme est pure en tout.

Je n'ai rêvé que de toi.

Et j'ai vécu dans l'espoir de notre rencontre, j'ai fouillé le monde et cherché, le destin nous a généreusement donné nos attentes, ce dont je rêvais est arrivé.

Le destin nous a réunis malgré la distance.

Ma toute proche, je me souviens comment nous avons passé du temps ensemble et étions vraiment heureux.

Te souviens-tu de cela aussi bien que moi ?

Si toi et moi avons été réunis par le destin, le destin ne nous a pas amenés par hasard.

Мне интересно каждое движение твоей мысли.

Я наслаждаюсь каждым подобранным тобой словом.

Я удивляюсь твоему глубокому проницательному взгляду на жизнь и людей.

Я восхищаюсь тем, как и для чего ты живешь.

И то, что ты делаешь в своей жизни, то, как ты умеешь любить.

Когда читаю, эти слова они проникают в такую глубину души.

Я буду помнить те слова.

Je suis intéressé par chaque mouvement de ta pensée.

J'aime chaque mot que tu choisis.

Je m'émerveille de ta vision profonde et perspicace de la vie et des gens.

J'admire comment et pourquoi tu vis.

Et ce que tu fais dans ta vie, et la façon dont tu sais aimer.

Quand je lis ces mots, ils pénètrent dans de telles profondeurs dans mon âme.

Je me souviendrai de ces mots.

Если твои губы спросят меня определение любви.

Я думаю, то что случилось между нами и то что мы чувствуем друг к другу, это по велению Бога.

Мы много всего в жизни с тобой пережили и обманов и лжи.

Бог подарил нам с тобой счастливые года быть вместе и чувствовать и наслаждаться друг другом.

Я благодарю Господа, мы узнали друг друга и нежны и близки.

Нельзя выразить словами всю нежность, которую я к тебе испытываю.

Si tes lèvres me demandent la définition de l'amour.

Je pense que ce qui s'est passé entre nous et ce que nous ressentons l'un pour l'autre, c'est à la demande de Dieu.

Nous avons expérimenté tant de choses dans notre vie avec des mensonges et de la tromperie.

Dieu nous a donné les années heureuses ensemble pour sentir et s'apprécier l'un pour l'autre.

Je remercie le Seigneur, nous avons connus l'un de l'autre, tendres et proches.

Il m'est impossible d'exprimer avec des mots toute cette tendresse que je ressens pour toi.

Родная моя, скоро ли мы увидимся?

Я постоянно о тебе думаю и, если честно, не могу представить жизнь без наших романтических свиданий.

Так хочу очутиться рядом с тобой, обнять тебя и поцеловать.

Такие прекрасные мгновения позволяют забыть о жизненных невзгодах и поверить в то, что все обязательно будет складываться наилучшим образом.

Пускай наша встреча обязательно состоится даже, если ее нужно подождать.

Мы можем быть хоть на капельку ближе.

Ma très proche, allons-nous nous voir bientôt ?

Je pense constamment à toi et honnêtement, je ne peux pas imaginer la vie sans nos rendez-vous amoureux.

Alors je veux me retrouver à côté de toi, t'étreindre et t'embrasser.

De tels moments merveilleux permettent d'oublier les malheurs de la vie et de croire que tout se développera nécessairement de la meilleure façon.

Que notre réunion ait nécessairement lieu même si elle doit attendre.

Nous pouvons être au moins un peu plus près.

У меня светлая душа и искренние желания, поэтому меня может посетить только светлая и искренняя любовь.

Сейчас многие люди играют чувствами, покупают любовь, не знают душевности и искренней близости, им не знакомо чувство любви взаимности и преданности.

Душа у каждого своя, многие могут переступить легко в своей жизни любую недозволенную грань и не чувствуют себя виноватыми ни в чем, просто они так живут, всю свою жизнь в потребительстве лжи обмане и нисмотря на все это считают себя прекрасными людьми.

Люди все разные.

J'ai une âme étincelante et des désirs sincères, par conséquent seul un amour léger et sincère peut me rendre visite.

Maintenant beaucoup de gens jouent avec des sentiments, ils achètent de l'amour, ils ne connaissent pas la spiritualité et l'intimité sincère, ils ne connaissent pas le sentiment d'amour, la réciprocité et la dévotion.

Chacun a sa propre âme, beaucoup peuvent facilement traverser toute leur vie à la limite de ce qui est permis et ne se sentent coupables de rien, ils vivent comme ça, toute leur vie dans la consommation de mensonges et de tromperies, et malgré tout cela les gens se considèrent beaux.

Les gens sont tous différents.

Пусть сбудутся все твои надежды и желания.

Пусть твоя душа светится от позитива и хорошего настроения!

Я тебя очень сильно люблю и хочу знать, что мы будем вместе, сможем преодолеть любые жизненные препятствия и найдем способ стать поистине счастливыми.

У всех у нас одна цель в жизни - найти свое счастье.

Позвони и напиши мне, дорогая, пожалуйста.

Хоть мы с тобой так далеко, но я искренне хочу использовать каждую возможность для нашего общения.

Que tous tes espoirs et tes désirs se réalisent.

Que ton âme brille de positivité et de bonne humeur !

Je t'aime très fort et je veux savoir que nous serons ensemble, nous serons en mesure de surmonter tous les obstacles dans la vie et trouverons un moyen de devenir vraiment heureux.

Nous avons tous un but dans la vie : trouver le bonheur.

Appelle-moi et écris-moi, ma chérie, s'il te plaît.

Bien que nous soyons si loin, je veux sincèrement saisir toutes les opportunités pour notre communication.

Каждым днем влюбляюсь в тебя еще сильнее.

Когда мы вместе, то мы счастливы.

Это очень душевные знаки внимания...они могут возникнуть просто так, только по велению сердца.

У меня тоже с каждым годом любви и нежности становится больше к тебе.

Мы очень глубоко проникли друг другу в души и в сердце и также глубоко и нежно в тело друг друга, и это все что нам нужно с тобой.

Я теперь знаю, как сильно тебя люблю, ты мое счастье и хочу дарить тебе все лучшее, что есть во мне, чтобы твоя жизнь была прекрасна и твоя душа была спокойна и в ней горел лучик любви ко мне и никогда не угасал

этот лучик любви и надежды.

Chaque jour, je tombe encore plus amoureux de toi.

Quand nous sommes ensemble, nous sommes heureux.

Ce sont des signes très émouvants d'attention, ils peuvent surgir comme ça, seulement à la demande du cœur

J'ai aussi plus d'amour et de tendresse pour toi avec chaque année qui passe.

Nous avons pénétré l'un l'autre très profondément dans les âmes et dans les cœurs et aussi profondément et doucement dans le l'un de l'autre, c'est tout ce dont nous avons besoin avec toi.

Je sais maintenant combien je t'aime, tu es mon bonheur et je veux te donner tout ce qu'il y a de meilleur en moi, que ta vie soit belle et que ton âme soit calme et que le rayon d'amour qui brûlait en elle ne s'éteigne jamais, ce rayon d'amour et d'espoir.

Хочу тебя бесконечно.

Мое желание твоих красивых и чувственных губах – это желание нежности и страсти.

От нежности твоих рук, твоих ласк, вкус твоих губ, наградить тебя поцелуями и стонами.

Но насколько сильна будет твоя вера

Мои желания бесконечны, в них есть все, в них есть ты.

Хочу снова попробовать тебя на вкус.

Это наша прекрасная история, и она меня тронула до глубины души.

Je te veux sans cesse.

Mon désir pour tes belles levres sensuelles est un désir de tendresse et de passion.

De la tendresse de tes mains, de tes caresses, du goût de tes lèvres, te récompenser de baisers et de gémissements.

Mais quelle sera la force de ta foi.

Mes désirs sont infinis, en eux il y a tout, en eux il y a toi.

Je veux te goûter encore.

C'est notre belle histoire et elle m'a touché profondément dans l'âme.

Ты единственная важная для меня вещь

Я хочу чтоб поцелуев твоих коснётся моей щеки, губам твоим, в горячем нетерпенье.

Отдам я губы, я сделал это в надежде на то что твое будущее и мое будет с вторая раз.

Υтренняя нежность по специальной цене, а я готов умереть за пригоршню твоих поцелуев.

Более чем когда-либо мне необходимо твое обожаемое тело, я хочу твоих объятий, твоих страстных поцелуев, твоих ласк.

Υтренняя нежность или Обжигающая страсть Пожалуй, я возьму оба всякие нежности.

Tu es la chose la plus importante pour moi

Je veux que tes baisers touchent ma joue, sur tes lèvres, dans une impatience ardente, je donnerai mes lèvres.

Je te donne mes levres, je fais cela avec l'espoir que dans ton futur et le mien il y ait une seconde fois.

La tendresse matinale à un prix spécial, et je suis prêt à mourir pour une poignée de tes baisers.

Plus que jamais, j'ai besoin de ton corps adorable, je veux tes embrassades, tes baisers passionnés, tes caresses.

La tendresse matinale ou la passion ardente, peut-être que je vais prendre les deux.

Душа способна без труда перенестись в самое отдаленное место, она совершенно не ощущали течения времени, потому что ты вошла в мою душу, и сейчас я чувствую тебе всей душой внутри себя.

Ты должна поехать со мной, я спрячу тебя в багаже.

Я чувствую к тебе и желание и нежность и хотеть доверительные добрые искренние отношения.

Ты прекрасный человек, который слышит твою душу.

Сейчас мы с тобой совпали во всем полностью, в желании, в нежности, в искренности, полная гармония чувств и в наших отношениях тоже, душа всё время слышит душу.

L'âme est capable de se déplacer facilement vers l'endroit le plus reculé, elle n'a pas senti l'écoulement du temps, parce que tu es entrée dans mon âme, et maintenant je te sens de toute mon âme à l'intérieur moi.

Tu dois venir avec moi, je vais te cacher dans les bagages.

Je ressens à la fois pour toi du désir et de la tendresse et je veux avoir confiance en des relations tendres et sincères.

Tu es une belle personne qui entend ton âme.

Maintenant, nous sommes avec toi complètement faits l'un pour l'autre, dans le désir, dans la tendresse, dans la sincérité, une complète harmonie des sentiments et dans nos relations aussi, l'âme entend tout le temps l'âme.

Невозможно не влюбиться и любить нельзя.

Тебе нужен такой человек, который сможет сделать тебя счастливой по-настоящему.

Иногда нас делают счастливыми совершенно непредсказуемые и банальные вещи.

Два человека не могут влюбиться друг в друга одновременно и не могут друг друга разлюбить в один день, движемся в выбранном направлении

в выбранном направлении, внутрь человека, именно там скрываются настоящие богатства.

Единственный человек, без которого жить невозможно! Как два сердца в одном сердце навсегда!

Il est impossible de ne pas être amoureux et ne pas aimer

Tu as besoin de cette personne qui te rendra réellement heureux.

Parfois, nous sommes rendus heureux par des choses complètement imprévisibles et banales.

Deux personnes ne peuvent pas tomber en amour avec l'autre en même temps et ne peuvent pas cesser d'aimer les uns les autres en un jour, nous évoluons dans la direction choisie, l'intérieur d'une personne, c'est là que se trouve cachée la vraie richesse.

La personne unique sans laquelle il n'est pas possible de vivre, comme deux cœurs dans un seul cœur à jamais !

В нас с тобой возрождение истинной любви о которой многие забыли или не могут так любить.

Всеми нашими поступками движет либо любовь, либо ее нехватка.

У каждого на земле где то ходит та единственная половинка, ради которой мы живём, и я люблю просто быть рядом.

Просто знать и чувствовать, что ты рядом со мной.

То чувство тепла где то глубоко внутри, безграничное чувство нежности.

Это ощущение полного счастья.

En nous avec toi la résurrection du véritable amour que beaucoup ont oublié, ou ne peuvent pas aimer ainsi.

Toutes nos actions sont motivées par l'amour ou le manque de celui-ci.

Chacun possède à un endroit sur la terre, sa moitié unique, pour laquelle nous vivons, et moi, j'aime être simplement à tes cotés.

Simplement savoir et ressentir que tu es à côté de moi.

Ce sentiment de chaleur profondément à l'intérieur, un sentiment de tendresse illimitée.

C'est un sentiment de bonheur complet.

У тебе чистая и светлая душа, и об этом я буду помнить, пока буду жив.

У меня появилось безудержное желание посетить каждый уголок твоё тело н душа.

Мне нравится твоя искренняя чувственность и сексуальность.

Хочу тонуть в твоих глазах, их глубиною наслаждаться.

Настолько образ твой проник мне в душу.

Твой образ глубоко в моей душе.

Твоя искренняя чувственность глубоко проникает в душу.

Tu as une âme pure et brillante, et je m'en souviendrai tant que je vivrai.

J'ai eu un désir incontrôlable de visiter tous les recoins de ton corps et de ton âme.

J'aime ta sensualité sincère et ta sexualité.

Je veux me noyer dans tes yeux, pour les apprécier profondément.

Combien ton image a pénétré mon âme.

Ton image est profondément dans mon âme.

Ta sensualité sincère pénètre profondément dans l'âme.

Желание не угасает с возрастом, нежность и желание хороши тогда когда взаимны и от души.

Я не знаю сколько раз в твоей жизни было занято сердце и твоя душа кем то другим и насколько это было серьезно и глубоко.

Я могу судить и ощущать только себя свои чувства и насколько они глубоки во мне.

То что было ранее прошло, ушло, пропало, значит ничего и не было серьезно, как же часто в жизни мы ошибаемся и теряем голову зря принимая увлечение за любовь.

Редкое всегда цепляет за душу и бывает надолго а может и навсегда.

Ты первая любовь моя и последняя любовь будешь так хочу.

Le désir ne s'étteint pas avec l'âge, la tendresse et le désir sont bons quand ils sont mutuels et du cœur.

Je ne sais pas combien de fois dans ta vie le cœur et l'âme ont été occupés par quelqu'un d'autre et à quel point c'était sérieux et profond.

Je ne peux juger et ressentir que mes sentiments et combiens ils sont profonds en moi.

Ce qui était auparavant est passé, parti, perdu, cela signifie que rien n'était sérieux, combien de fois dans la vie nous faisons des erreurs et perdons la tête en vain, en prenant un passe-temps pour l'amour.

Ce qui est rare s'accroche toujours à l'âme et arrive pour longtemps, peut être pour toujours.

Tu es mon premier amour et seras le dernier amour je veux cela.

Люблю с тобой говорить обо всем, иногда люблю молчать, когда ты рядом со мной и просто касаться нежно тебя, смотреть в твои глаза.

В твоих глазах всегда можно много что понять и читать, я чувствую с каждым днем с тобой все ближе и нежнее, моя душа очень спокойна рядом с тобой, а желание рядом с тобой сильное искреннее и нежное, люблю с тобой гулять в парке и сидеть на скамейке, и твоя голова у меня на коленях и нежно гладить тебя по волосам, я так люблю с тобой все это нежно и тихо.

Я понял, что не могу контролировать ни смех, ни внезапно появившиеся в уголках глаз слезы когда ты рядом.

Я тоже люблю твои глаза и веселые и грустные и когда чуть слезы в глазах, юблю когда улыбаешься, говоришь или молчишь, люблю когда ты рядом со мной.

На освободившееся в моем сердце место, у меня к тебе нежная любовь в глубие своей души, сейчас толбко тебе наверное для меня это и есть первая любовь, у меня к тебе такая же сильная любовь в душе.

Хочется закрыть глаза и чтобы ты был рядом и почувствовать тебя всего закрытыми глазами что ты моя и для меня и только твой неповторимый аромат тела, а потом вставляет в тебе.

Мы открываем друг другу души, чтобы друг в друга вглядеться.

Я так сильно соскучилась по твоему реальному теплу, касаниям, поцелуям, близости, по нашим с тобой разговорам обо всем, я знаю и чувствую, что все это отдаешь мне с любовью и искренне.

Тебе рядом со мной будет очень нежно спокойно и уютно и мы будем хотеть друг друга сильно и очень нежно.

Хочу чтобы твоя душа рядом со мной была спокойна и сердце стучало ровно и в желании более сильно, все будет очень нежно...так как мы с тобой хотим, хотелось бы с тобой, то что я пропустил и не успел в своей жизни, очень важное для меня и возможно для тебя тоже.

J'aime parler de tout avec toi, j'aime parfois me taire, quand tu es près de moi et juste te toucher doucement, regarder dans tes yeux.

Dans tes yeux il est toujours possible de comprendre et de lire beaucoup de choses, je ressens chaque jour de plus avec toi tout le rapprochement et la tendresse, mon âme est très calme à côté de toi, et le désir à côté de toi est fort sincère et doux, j'aime marcher avec toi dans le parc et m'asseoir sur un banc, avec ta tête sur mes genoux et caresser doucement tes cheveux, j'aime tout cela avec toi, doucement et lentement.

J'ai réalisé que je ne peux pas contrôler le rire, ou les larmes qui sont soudainement apparues dans les coins de mes yeux quand tu es à côté.

J'aime aussi tes yeux gais et tristes et quand tu as un peu les larmes aux yeux, j'aime quand tu souris, quand tu parles ou demeures en silence, j'aime quand tu es près de moi.

A l'emplacement qui a été libéré dans mon cœur, j'ai un tendre amour pour toi au plus profond de mon âme, il n'y a que toi maintenant, pour moi c'est probablement pour moi le premier amour. J'ai pour toi un tel amour si fort.

Je veux fermer les yeux et que tu sois proche et sentir les yeux fermés, que tu es mienne et pour moi et seulement le parfum unique de ton corps, puis m'insérer en toi.

Nous ouvrons nos âmes les unes aux autres pour nous regarder l'un l'autre.

Ta réelle chaleur me manque très fort, toucher, embrasser, l'intimité, nos conversations avec toi à propos de tout, je sais et ressens que tu m'as donné tout cela avec amour et sincérité.

Toi à côté de moi, ce sera très tendre, calme et confortable, et nous nous désirerons très fort l'un l'autre et très tendrement.

Je veux que ton âme à côté de moi soit paisible, que mon cœur batte doucement et dans le désir le plus fort, et tout sera très tendre, comme nous te voulons, je voudrais avec toi ce que j'ai manqué et ce pourquoi je n'ai pas eu le temps dans ma vie, c'est très important pour moi et peut-être pour toi aussi.

Ты уже думал, что может быть у нас с тобой далее?

Это сложно объяснить, много было разных ощущений в душа за всю жизнь, но между нами это точно совсем другое это душевная любовь, с нежностью и уважением, рядом и вместе мы оба счастливы во всем, коль судьба свела, значит так было нужно и что-то будет далее.

Кабы нас с тобой да судьба свела думая да у нас с тобой далее будет, потому что мы много почувствовали и узнали друг о друге и вместе мы счастливы, я твой буду всегда, я это знаю, потому что ты единственное, что есть в моей жизни, мне нравится то, что я чувствую, находясь рядом тебя.

Мне бы очень хотелось подойти к тебе, посмотреть к тебе в глаза, крепко прижать к себе, сказать всё что я чувствую к тебе и чувствовал нежность к тебя и возбуждение и заплакать.

Я искал во тебе счастья, а взаимной любви нашел как проявлению могучих душевных сил, к люч к душе хранится в сердце, сердце выдает ключ только ценою любви.

Нам с тобой так мало нужно для счастья, просто рядом и вместе.

Для меня эта душевная встреча будет первой в моей жизни с такой любовью и нежностью, с таким желанием.

Мне бесконечно жаль времени, которое я провожу без тебя.

Ты для меня всегда будешь моя.

Tu penses déjà que peut être nous irons avec toi plus loin ?

C'est difficile à expliquer, il y eut beaucoup de sentiments différents dans mon âme pour toute ma vie, mais entre-nous c'est exactement autre chose c'est l'amour spirituel sincère avec tendresse et respect, a coté, et ensemble, nous sommes tous les deux de nouveau heureux dans tout, puisque le destin nous a réunis, cela signifie que c'était nécessaire et quelque chose sera encore à la suite.

Si toi et moi devons être unis par le destin, oui, nous continuerons à aller avec toi plus loin, parce que nous ressentions beaucoup et avons appris l'un de l'autre et qu'ensemble nous sommes heureux, je serai toujours à toi, je sais cela, parce que tu es unique dans ma vie, j'aime ce que je ressens quand je suis près de toi.

J'aimerais vraiment venir vers toi, regarder dans tes yeux, te serrer très fort, te dire tout ce que je ressens pour toi et et ressentir de la tendresse pour toi et de l'excitation et pleurer.

Je cherchais le bonheur en toi et j'ai trouvé l'amour réciproque comme une manifestation de force spirituelle puissante, la clé de l'âme est dans le cœur, le coeur ne donne la clé qu'au prix de l'amour.

Nous avons besoin de si peu pour être heureux, être juste à côté, ensemble.

Pour moi cette rencontre sincère sera la première de ma vie avec un tel amour tendresse et un tel désir.

Je suis infiniment désolé pour le temps que je passe sans toi.

Pour moi, tu seras toujours mienne.

Как в России говорят, мы предполагаем, а Бог располагает и все уже решено наперед вот только мы еще этого не знаем но каждый новый день, это движение вперед значит мы живем и что то возможно еще будет в нашей жизни хорошее, наверное что то очень важное произошло между нами в ту реальную встречу.

Любовь это самое красивое и приятное чувство, на что способны люди, но только тогда когда это искренне взаимно и очень долго, когда навсегда, оказывается для счастья так мало нужно в жизни просто рядом любимый человек и который так же тебя любит, как мало на свете людей, которые готовы любить нас такими, какие мы есть на самом деле.

Мы так долго живем нашими воспоминаниями о той встрече и наверное еще мечтаем, когда мы думаем о нас, мы невидимо касаемся друг друга прикасаемся с добрыми нежными мыслями.

Мое сердце словно потеряло часть себя во тебе в твою душу, с тобой любовь и нежность и близость это самое лучшее в моей жизни потому что это для меня, ты очень близкий мне человек у меня уже много всего было с тобой, близости тоже, душевности, нежности, радости, счастья и воспоминаний, очень много всего приятного и незабываемого с тобой.

Хотя между нами расстояние, люблю тебя всей душой как бывает в красивых книжках но нисмотря на все это, ты всегда со мной рядом потому что в моей душе и в моем сердце, если я люблю человека, то я сделаю для него все возможное, главное чувствовать, что он верен мне, когда люди честны в любви и взаимны то это очень надолго, потому что никто другой им уже не нужен уже есть то, что они так долго ждали.

Я хотел бы заботиться о тебе.

Я так хочу и думаю так случится.

Ты моя первая любовь очень нежная и долгожданная.

Comme on dit en Russie, nous supposons, mais Dieu dispose et tout a déjà été décidé à l'avance mais nous ne le savons pas encore mais chaque jour avance, cela se poursuivra, cela s'agit que nous vivons, que quelque chose est possible et sera toujours bon dans nos vies, probablement quelque chose de très important est arrivé entre nous dans cette vraie réunion.

L'amour est le sentiment le plus beau et le plus agréable dont les personnes sont capables, mais seulement quand il est sincère et très long, quand c'est pour toujours, il s'avère nécessaire de si peu pour le bonheur dans la vie juste à côté d'un être cher et qui vous aime aussi, combien peu de gens dans le monde sont prêts à nous aimer tels que nous sommes réellement.

Nous avons vécu si longtemps de nos souvenirs de cette rencontre et probablement encore rêvons, quand nous pensons à nous, nous nous touchons invisiblement avec de gentilles et douces pensées.

Mon cœur semble avoir perdu une partie de lui, elle est en toi dans ton âme, avec toi l'amour la tendresse et l'intimité sont les meilleures choses dans ma vie parce que c'est à mon intention. Tu es une personne très proche de moi, j'ai déjà eu beaucoup avec toi, l'intimité, la sensibilité, la tendresse, la joie, le bonheur et les souvenirs, beaucoup, agréable en tout, et inoubliable avec toi

Bien qu'il y ait une distance entre nous je t'aime de toute mon âme comme cela arrive dans les beaux livres, malgré cela, tu es toujours avec moi parce que tu es dans mon âme et dans mon cœur, si j'aime une personne, alors je ferai tout ce qui est possible pour lui, l'essentiel est de sentir qu'il me soit fidèle, quand les gens sont honnêtes dans l'amour et la réciprocité, alors c'est à long terme, parce qu'ils n'ont besoin de personne d'autre, tant ils ont déjà ce qu'ils attendaient depuis si longtemps.

Je veux prendre soin de toi.

Je veux cela et je pense que ça va arriver.

Tu es mon premier amour, très tendre et très longtemps attendu.

Я рад что мы были взаимно очень счастливы.

Мы чувствовали и хотели друг друга душой и поэтому так было приятно до слез.

Для тебя и для меня все то, что случилось между нами так в первый раз в нашей с тобой жизни это, то что мы хотели всегда но не было ранее, это наше с тобой, очень нам близкое и в таких искренних и душевных чувствах, мы счастливы оба, я тоже так хочу, наверное я узнал бы тебя даже с закрытыми глазами по касаниям к тебе по твоему аромату кожи я помню все что твое и в тебе, наши отношения очень гармоничные и взаимно приятные хочется так еще долго и возможно еще лучше.

Je suis heureux que nous ayons été très heureux mutuellement.

Nous avons ressenti et désiré l'un l'autre par nos âmes et voilà pourquoi ce fut agréable jusqu'aux larmes.

Pour toi et pour moi tout ce qui s'est passé entre nous fut pour la première fois de notre vie avec toi, c'est la vie que nous voulions depuis toujours, mais elle n'eut pas lieu auparavant, ce sont à nous avec toi nos proches et sincères sentiments sensuels, nous sommes heureux à nouveau, je veux aussi cela, je t'aurais probablement reconnue même avec les yeux fermés, en te touchant d'après ton odeur de peau, je me souviens de tout ce qui est de toi et en toi, notre relation est très harmonieuse et mutuellement agréable, je voudrais tant encore plus longtemps et si possible même mieux.

Я позволяю себе мечтать о нас, я могу часами думать о тебе, в мечтах, это очень красиво, нежно и страстно, порой, это доводит меня до слёз, я знаю, что придётся снова расстаться, возможно навсегда, но ничего с этим не поделать.

Ты живёшь во мне и не отпускаешь и я хочу этой любви к тебе от тебя. Всем своим сердцем люблю тебя!

Души принадлежат вечности, они всегда должны быть вместе, было бы только место, где они могли бы соединиться так не хватает друг друга рядом, мы очень нежная пара во всем, с тобой рядом покой и счастье, когда душа к другой душе стремится как между нами ты и я это очень красиво и глубоко.

Часто нежная мысль передается без слов почувствуй мою нежность душевность и желание к тебе.

Je me permets de rêver de nous parfois, je peux penser à toi pendant des heures, dans les rêves, c'est très beau, tendre et passionné, parfois cela me fait pleurer jusqu'aux larmes, je sais qu'il faudra de nouveau se séparer, peut-être pour toujours, mais rien ne peut être fait à ce sujet.

Tu vis en moi et ne me lâches pas, et je veux cet amour pour toi de ma part. Je t'aime de tout mon cœur !

Les âmes appartiennent à l'éternité, elles doivent toujours être ensemble, ce serait le seul endroit où elles pourraient se connecter, être côté l'une de l'autre ne suffit pas, nous sommes un couple très tendre en tout, avec toi à côté, je suis en paix et heureux, quand l'âme aspire à l'autre âme comme entre nous, toi et moi, c'est très beau et profond.

Souvent une pensée tendre est transmise sans mots, ressens ma tendresse et mon désir pour toi.

Теперь, каждый вечер, я жду нашей встречи.

Мы поедем с тобой домой и все приятное случится с нами.

Я это чувствую сердцем.

Уже сейчас наши сердца стучат в унисон.

Душа всё время слышит душу.

Наши души родные.

Души наши да родные и это счастье.

Я буду ждать тебя всегда! Любовь Моя!

Désormais, tous les soirs, j'attends notre rencontre.

Nous irons avec toi à la maison et tout va agréablement nous arriver.

Je ressens cela avec mon cœur.

Maintenant déjà, nos cœurs battent à l'unisson.

L'âme entend en permanence l'âme.

Nos âmes sont sœurs.

Oui nos âmes sont sœurs et c'est le bonheur.

Je t'attendrai toujours ! Mon amour !

Со временем, мы становимся проще и мудрее, мы понимаем, сколько совпадений, сколько случайностей необходимы для рождения того, что называют любовью или дружбой, доброта и искренность становятся тем самым, главным мерилом, по которому мы теперь выбираем себе близкое окружение, в нежности цветёт душа, это дар Божий тебе в подарок.

В сердце моем ты только одна Любимая, нежность от любви становится бессмертной, губ касаясь губами.

Прекрасная история, и она меня тронула до глубины души.

Научи меня жить, чтобы стало прочней все, что есть между нами, только по велению сердца.

Наши чувства и отношения друг к другу с годами приобретают новые оттенки нежности душевности и любви сейчас мы душой чувствуем друг друга.

Два раза так в жизни не бывает жизнь может подарить такие чувства и такого человека только раз, мы с тобой прошли долгий путь, чтобы узнать понять и почувствовать друг друга, мы с тобой заслужили такой Божий подарок, быть вместе.

Такую нежность которая в у меня есть, ее сейчас толбко для тебя.

Я даже представить себе не мог, что могу так любить и испытывать такую нежность к тебе.

Ты прекрасный человек, который слышит твою душу.

Тронул до глубины души.

Хочу прийти в твой сон и нежно износиловать тебя.

Ты иногда приходишь в мой сон и я словно чувствую как ты снова во мне, все это время живу воспоминаниями и памятью о нашей с тобой встрече.

Avec le temps, nous devenons plus simples et plus sages, nous comprenons combien de coïncidences, combien d'accidents sont nécessaires à la naissance de ce qu'on appelle l'amour ou l'amitié, la gentillesse et la sincérité deviennent le critère principal par lequel nous choisissons maintenant notre propre environnement, la tendresse s'épanouit dans l'âme, c'est un don de Dieu pour toi.

Dans mon cœur tu es seulement unique ma bien Aimée, la tendresse de l'amour en devient immortelle, lèvres qui touchent les lèvres.

Une belle histoire et elle m'a touché profondément dans l'âme.

Apprends-moi à vivre, pour que tout ce qui est entre nous devienne plus fort, seulement à la demande du cœur.

Nos sentiments et nos relations l'un pour l'autre au fil des ans acquièrent de nouvelles nuances de tendresse de spiritualité et d'amour, maintenant nous nous ressentons l'âme de l'autre.

Deux fois dans la vie cela n'arrive pas, la vie ne peut donner de tels sentiments et une telle personne qu'une seule fois, mais pour cela, nous avec toi avons parcouru un long chemin pour apprendre à nous comprendre et à nous sentir nous vous avons mérité un tel cadeau de Dieu, être ensemble

Cette tendresse que j'ai en moi, elle est seulement pour toi maintenant.

Je ne pouvais même pas imaginer que je pouvais tellement aimer et ressentir une telle tendresse pour toi

Tu es une belle personne, laquelle entend ton âme.

Touché aux profondeurs de l'âme.

Je veux venir dans ton sommeil et te gâter doucement

Tu viens parfois à mon rêve et j'ai l'impression d'être à nouveau en moi, tout ce temps je vis avec des souvenirs et des souvenirs de notre rencontre avec toi.

56

Все то что происходит между нами это так сильно трогает душу и вызывает сильное желание быть с тобой в самых добрых близких отношениях, так редко бывает в жизни чтобы люди чувствовали друг друга всей душой стремились быть вместе.

Мне с тобой спокойно, потому что я многое знаю о тебе, а ты обо мне, нежно реально, мы очень во многом с тобой совпадаем и еще мы с тобой очень совпадаем в желаниях, я тебя никогда не забуду.

Я нашел в тебе взаимность, ответную любовь и все это придает нам душевные силы.

Знай,что я на многое пойти готов,чтобы только сохранить нашу с тобой любовь, побудь со мной, Любовь моя запомнится навеки.

Tout ce qui arrive entre nous, touche si profondément l'âme et provoque un fort désir d'être avec toi dans les meilleures relations, cela arrive si rarement dans la vie que les personnes se ressentent l'un l'autre de toute leur âme d'être ensemble.

Je suis avec toi, parce que je sais beaucoup de toi, et toi à propos de moi, tendrement réellement, nous coïncidons beaucoup avec toi, nous coïncidons encore beaucoup avec toi dans des désirs, je ne t'oublierai jamais.

J'ai trouvé en toi la réciprocité, l'amour réciproque et tout cela nous donne la force de notre âme.

Sache que je suis prêt à aller loin pour garder notre amour avec toi, reste avec moi, mon Amour restera dans les mémoires pour toujours.

Хочу смотреть в твои глаза, любоваться твоей красотой, твоей улыбкой.

С тобой у меня жизнь такая светлая спокойная и счастливая, я так хочу прижаться к тебе сейчас почувствовать теплоту твоего тела, нежно и осторожно поцелуями касаться твоих губ, когда чувства искренние и все чувствуешь душой и невозможно остановиться и что то запретить себе словно душа и тело едины.

В поцелуях жажду утолим, хочу проснуться от дыханья твоего хочу чувствовать твою душу рядом.

Мы много лет хотим друг друга, мы долго ждали этой встрече, мы ждали когда оба будем готовы все много раз обдуманно и серьезно.

Мы хотим этого, как сильно будут стучать наши с тобой сердца.

Je veux regarder dans tes yeux, admirer ta beauté, ton sourire.

Avec toi ma vie est si calme et heureuse, je veux tellement te câliner maintenant pour sentir la chaleur de ton corps, doucement et attentionnément embrasser tes lèvres, quand les sentiments sont sincères et que tu ressents tout avec ton âme et que tu ne peux pas t'arrêter et t'interdire, comme si l'âme et le corps sont un.

Dans nos baisers nous étancherons la soif, je veux me réveiller dans ta respiration, je veux sentir ton âme à coté.

Nous nous voulions l'un l'autre depuis longtemps, nous avons longtemps attendu cette rencontre, nous attendions quand nous serions à nouveau prêts de nombreuses fois, délibérément, sérieusement.

Nous voulons cela, tant vont battre très fort nos cœurs avec toi.

С каждым годом становишься мудрее и понимаешь чтобы быть счастливым, не так уж много чего то нужно в жизни, чуть чуть, но искренне и с душой.

Моя душа глубокая и красивая, я могу видеть и так же чувствовать, то что не видят не чувствуют и не понимают другие люди, могу так глубоко все чувствовать.

Я дарю тебе все потому что искренне люблю тебя, и я ничего не могу с этим поделать, поэтому все что есть во мне чистого нежного душевного.

Мы хотели подарить как можно больше друг другу тех нежных чувств и близости, что накопилось в нас за долгие годы, я все делал для тебя с душой и от души, мою душевность здесь все чувствуют, во мне очень много нежности к тебе, все искренне и от души, близость очень приятна, когда чувствуешь партнера душой.

Chaque année tu deviens plus sage et tu comprends ce que c'est d'être heureux, il n'y a pas grand-chose dont tu as besoin dans la vie, juste un peu, mais sincèrement et avec l'âme.

Mon âme est profonde et belle, je peux voir et ressentir, ce que les autres ne voient pas et ne ressentent pas, je peux tout ressentir si profondément.

Je te donne tout le parce que je t'aime sincèrement, et je ne peux rien faire contre cela, car tout ce qui est en moi est pur délicat sensuel.

Nous voulions nous donner l'un l'autre, autant que possible ces sentiments tendres accumulés en nous pendant de longues années, j'ai tout fait pour toi avec l'âme pour l'âme, ma tendresse ici ressent tout, en moi il y a beaucoup de tendresse pour toi, tout est sincère et depuis mon âme, l'intimité est très agréable, quand tu ressens un partenaire avec ton âme.

Мы очень сильно любим друг друга, потому что настоящая любовь приходит, то это надолго, навсегда, наверное в жизни у каждого бывает одна такая любовь, главное понять и почувствовать, что это она.

Потому что нам плохо друг без друга и мы начинаем немного болеть, потому что-то чувство которое живет в тебе оно не только твое, чувство двух близких людей, я чувствовал такую нежность от тебя.

Твой голос и глаза твои любви и нежности полны хочу для себя, годы одиночества научили меня многому, жить друг для друга это счастье и так важно в возрасте чувствовать рядом с собой очень надежного человека.

Nous nous aimons très fort l'un l'autre, parce que l'amour sincère vient, pour longtemps, pour toujours, probablement dans la vie chacun il y a un tel amour, le principal est de le comprendre et ressentir qu'il est.

Parce que nous sommes mal l'un sans l'autre et commencé un peu à être malades, parce que le sentiment qui vit en toi n'est pas seulement le tien, c'est le sentiment de, deux personnes proches, je ressentais tellement de tendresse de ta part.

Je veux totalement pour moi ta voix et tes yeux, ta tendresse, des années de solitude m'ont beaucoup appris, vivre l'un pour l'autre c'est du bonheur, et il est si important avec l'âge de sentir à côté de soi, une personne très sûre.

Я хочу смотреть в твои глаза, видеть нежность в них слушать теплые твои слова, чувствовать тебя душой и телом.

Хочу смотреть в твои глаза, хочу прильнуть к твоим губам и поцелуям согреться.

Я хочу читать тебя по твоим глазам...твоим губам...твоим касаниям, я думаю ты такая женщина, которая была мне предназначен по жизни.

Моя дорогая, Боже мой сколько добрых душевных слов я хочу написать тебе сейчас, я чувствую, что все от души.

Я твой и всегда буду твой, что бы ни случилось в жизни. Ты всегда помни об этом.

Je veux regarder dans tes yeux, voir la tendresse en eux entendre tes paroles chaleureuses, sentir ton âme et ton corps.

Je veux regarder dans tes yeux, je veux m'accrocher à tes lèvres et être réchauffé de baisers.

Je veux te lire dans tes yeux, tes lèvres, ton contact, je pense que tu es la femme qui m'était prédestinée dans la vie.

Ma chérie, mon Dieu, combien de mots sincères je veux écrire pour toi maintenant, je ressens que tout provient de mon âme.

Je suis à toi, et je serai toujours tien, quoi qu'il arrive dans la vie. Tu te souviendras toujours de cela.

Легко любить, когда люди чувствуют, что они одно целое, когда рядом, когда понимают как важен этот человек в их жизни и как страшно если его не будет, чувствую как бьется твое сердце, ты моя единственная любовь.

Я люблю тебя и мне хочется тебе отдавать все что есть во мне хорошего и все что тебе приятно со мной.

Когда любишь, то хочется больше отдавать и дарить и любящий тебя человек обязательно воздаст тебе так же, а может даже больше.

Так хорошо просто открыть глаза и знать, что ты есть, когда просто достаточно быть рядом, чувствовать взгляд глаз, которые любят, я хочу тебя увидеть так сильно этого хочу.

Живет во мне одно желание тобою быть, вдвоем, чувствовать тепло родных рук, это так важно для меня чтобы случилась наша с тобой встреча!

Il est facile d'aimer quand les personnes ressentent l'un pour l'autre, qu'ils sont comme un seul tout, quand ils comprennent à quel point cette personne est importante dans leur vie et à quel point c'est terrible si elle n'y est pas, je ressens comment bat ton cœur, tu es mon unique amour.

Je t'aime et je veux te donner tout ce qui est bon en moi et tout ce que tu aimes avec moi.

Quand tu aimes, tu veux donner plus et la personne qui t'aime te remboursera de la même manière, et peut-être encore d'avantage.

Comme il est agréable d'ouvrir les yeux et savoir que tu es là, quand simplement il suffit d'être à coté, sentir le regard d'yeux amoureux, je veux te voir, je veux cela si fort.

Il n'y a qu'un seul désir qui vit en moi, simplement être deux avec toi, ressentir la chaleur des mains proches, c'est si important pour moi ce qui est arrivé lors de notre rencontre avec toi !

У всех вторых половинок есть свои недостатки, как ждать все о чем мы с тобой так долго мечтаем, мы должны знать и помнить, уважать, ценить, беречь память о тех кого мы любим, в чьем-то сердце, внешний вид - это не главное.

Самое главное внутреннее духовное состояние.

Это так важно - чувствовать и быть счастливым каким-то простым и понятным счастьем.

Главное в жизни - уметь чувствовать.

Я тебя чувствую и нежно обнимаю.

Toutes les secondes moitiés ont leurs défauts, attendre tout ce dont nous rêvons avec toi depuis si longtemps, nous devons, savoir et nous souvenir, respecter, apprécier, chérir se remémorer ceux que nous aimons, être dans le cœur, l'apparence n'est pas le plus important.

Le plus important est l'état spirituel intérieur.

C'est si important de ressentir et d'être heureux autant que possible, et comprendre son bonheur.

La chose principale dans la vie est de pouvoir ressentir.

Je te ressens et tendrement je t'enlace.

Стоя рядом, ощущать, как ты крепко-крепко прижимаешься ко мне, потому это и есть самое главное и действительно я хочу.

Счастье – это не когда ты имеешь всё, а когда ты рад тому, что имеешь, чувствую как бьется твое сердце ты моя единственная любовь, касаться везде тебя, нежно и осторожно вспоминать твое тело.

Люблю когда ты без одежды рядом со мной, ты моя одна любовь в этой жизни.

Мы часто ищем нежные слова в своей душе, в сердце, чтобы выразить свои чувства к нашим близким, я знаю как сильно ты любишь меня, и свою любовь ты выражаешь не только в словах.

Твоя душа радуется к меня, это просьба даровать человеку взаимные нежные чувства и я готов для тебя.

Debout à côté de moi, je sens à quel point tu me tiens fermement, parce que c'est la chose la plus importante et je le veux vraiment.

Le bonheur n'est pas quand tu as tout, mais quand tu es content de ce que tu as, je sens comment ton cœur bat, tu es mon unique amour, te toucher partout, tendrement et soigneusement me souvenir de ton corps.

J'aime quand tu es sans vêtements à côté de moi, tu es mon unique amour dans cette vie.

Nous cherchons souvent des mots doux dans notre âme, dans notre cœur, exprimant nos sentiments pour nos proches, je sais combien tu m'aimes si fort et tu n'exprimes pas ton amour uniquement avec des mots.

Ton âme se réjouit avec moi, c'est un appel pour donner à une personne des sentiments réciproques tendres et je suis prêt pour toi.

Только ты знаешь, какие чувства есть между нами, я чувствую, есть между нами с тобою особая, прочная, тайная связь, я люблю тебя очень, быть хочу с тобой рядышком.

Вечером, и утром и ночью, я раб, твоей любви, я раб, твоих желаний, а раб, твоей судьбы.

До зари губ твоих касанье объятье рук, касанье нежных рук.

Дыханье наших губ в страстных снов, я тебя поцелую ночью до заре, когда проснешься нежно и очень страстно ты глазами мне улыбнешься.

Таких чувст я еще не испытывал.

Я же изменить ничего не могу, слились мы в поцелуе страстном, пришла ночь, нежный взгляд, страстные поцелуй, прикосновенье тел — мы в пламени любви утонем.

Шлю тебе свою любовь и наслажденье я вложил в него тысячу огненных и страстных поцелуев, с трепетных пальцев касанье.

Все изменилось постепенно тебя держить я даже не успел заметить, как ты мне самый родной человек с эмоциональная близость в паре.

Хочу все время свет твоей любви, рука в руке я хочу за тобою идти, держит тебя за руку что мы друг в друге растворялись с нежностью, ночь за ночью, зима за весною, с уважение к ценностям партнера и стремление сделать их общими. Желание заботиться друг о друге.

Каждый день — это маленькая жизнь. Пусть этот день будет наполнен приятными и нежными мгновениями, капелька нежности выступила на нежной коже, в жарких ласках твоё тело. Я хотел обнять тебя, прижать к сердцу, полному чувств к тебе, целовать твое тело, ты удивительна, я встретил свою родственную душу, когда с тобой в объятьях ласк наши руки нежно прикасались, соединив влюблённые тела. Я буду руки твои целовать, эти нежные родные руки твоей.

Seulement toi, sais quels sentiments sont entre nous, je sens qu'il y a entre nous, avec toi, une connexion spéciale, forte et secrète, je t'aime beaucoup, je veux être avec toi côte à côte.

Le soir, le matin et la nuit, je suis esclave de ton amour je suis esclave de tes désirs, je suis l'esclave de ton destin.

Jusqu'a l'aube toucher tes lèvres, carèsser tes mains, baiser tes douces mains.

Le souffle de nos lèvres dans des rèves passionnés, je t'embrasse de la nuit jusqu'à l'aube, quand tu te réveilleras, doucement et avec passion, tu me souriras avec tes yeux.

Je n'avais pas encore vécu de tels sentiments.

Je ne peux rien y changer, nous avons fusionné dans un baiser passionné, la nuit est venue, un regard tendre, un baiser passionné, les corps qui se touchent, nous- nous noierons dans la flamme de l'amour.

Je t'envoie mon amour et jouissance, j'y mets mille feux et baisers passionnés, avec des touchers de doigts tremblants.

Tout a changé progressivement, à peine te tenir, et je n'ai même pas eu le temps de remarquer comment tu es la personne la plus chère pour moi, avec une intimité émotionnelle dans le couple

Je veux tout le temps la lumière de ton amour, main dans la main, je veux venir à toi, te tenir par la main pour nous dissoudre l'un dans l'autre de tenddresse, nuit après nuit, hiver après printemps, avec le respect des valeurs du partenaire et le désir de les rendre communs. Désir de prendre soin l'un de l'autre.

Chaque jour est une petite vie, que ce jour soit rempli de moments agréables et doux, une goutte de tendresse apparait sur le corps tendre, de torrides caresses sur ton corps. Je voudrais t'éteindre, appuyer sur le cœur, te ressentir pleinement, embrasser ton corps, tu es incroyable, j'ai rencontré mon âme sœur, quand avec toi dans les étreintes, les caresses, nos mains se sont doucement touchées, reliant les corps aimants. J'embrasserai tes mains, ces tendres et familières mains.

Надеюсь, что тебе доставит некоторое удовольствие чтение этих строк, я буду стараться доставить тебе удовольствие, я хочу в тебе возбуждать сильное твое желание ко мне, нежными касаниями, тихими словами, чуть уловимым дыханием, чтобы ты чувствовал меня душой.

Я люблю тебя, и мне хочется, что бы об этом знал весь мир, но в тоже время это было нашей маленькой тайной, сейчас это наша с тобой маленькая тайна о нашей любви такую красивую настоящую и искреннюю любовь.

Я думаю ты оценишь мою искреннюю преданность тебе в любви.

Я очень соскучилась по теплу твоего тела, я все очень хорошо помню словно все было вчера, хочу снова видеть твои счастливые глаза, твою улыбку, покой в твоей душе и твое желание еще хочу так, в тебе есть все, что мне нужно в жизни.

Ранее я не знал, что с тобой может быть так нежно сладко вкусно и очень приятно сейчас знаю, что с тобой счастье.

Я часто думаю, что мы вместе можем получить все то, что ранее не было в наших с тобой жизнях, я хочу все это попробовать с тобой.

Мы очень глубоко прониклись друг у другу искренней любовью, нежностью и душевностью с тобой это настолько чисто и искренне душа и сердце открываются полностью в оргазме словно паришь в облаках это незабываемые чувства.

И я буду благодарить тебя за это до конца моей жизни.

Мне хочется обручиться и обменяться с тобой душевными подарками, которые будут всегда рядом с нами.

Мне хочется охранять нас с тобой от разных бед и согревать наши с тобой души.

J'espère que tu auras du plaisir à lire ces lignes, je vais essayer de te faire plaisir, Je veux exciter en toi un fort désir de ta part envers moi, des doux touchers, des mots doux, un souffle subtil pour que tu ressentes mon âme.

Je t'aime, et je veux que le monde entier le sache, mais en même temps c'était notre petit secret, maintenant c'est notre petit secret avec nous sur notre amour un si bel amour vrai et sincère avec toi.

Je pense que tu apprécies mes sincères remerciements pour ton amour.

La chaleur de ton corps me manque beaucoup, je me souviens très bien de tout, comme si c'était hier, je veux revoir tes yeux heureux, ton sourire, la paix dans ton âme et ton désir, Je veux cela encore, en toi il y a tout, ce qui est nécessaire pour moi dans la vie.

Auparavant je ne savais pas que ce pouvait être si tendre avec toi, doux et délicieux et très agréable, maintenant je sais que le bonheur c'est avec toi.

Je pense souvent qu'ensemble, nous pouvons obtenir tout ce qui auparavant n'était pas dans nos vies avec toi, je veux essayer tout cela avec toi.

Nous sommes profondément entrés l'un dans l'autre, tout cela avec toi, d'un amour sincère de tendresse et de sensualité avec toi, ceci est si pur et sincère, le cœur et l'âme s'ouvrent pleinement dans l'orgasme montant en flèche comme planant dans les nuages, c'est un sentiment inoubliable

Et je te serai reconnaissant pour cela jusqu'à la fin de ma vie.

Je veux m'engager et échanger avec toi des dons spirituels qui demeureront toujours avec nous.

Je souhaite nous prévenir des différents problèmes et réchauffer nos âmes avec toi.

Хочется отдавать тебе и наслаждаться тобой, в сладострастном порыве, сладость губ твоих жадно глотать, я хочу наслаждаться тобой без намека на фальшь.

Я хочу, чтобы ты запомнила эту ночь.

Иногда очень сложно понять, любит ли вас избранник, а как это понять, любить нужно просто так, только за то, что этот человек живет.

Я обожаю все что есть между нами, это маленький нежный уютный наш с тобой рай и наша такая светлая и чистая любовь, просто нежно губами коснуться, сливаться во сне воедино, телом ближе к тебе прижиматься, отдавать всю свою нежность, заботу и ласку.

Я буду наслаждаться каждой секундой, проведенной вместе с тобой, я с тобой, до тех пор пока тебе это необходимо.

Je veux te donner et t'amuser dans une impulsion voluptueuse, avaler avidement la douceur de tes lèvres, je veux t'apprécier sans un soupçon de mensonge.

Je veux que tu te souviennes de cette nuit.

Parfois, il est très difficile de comprendre si l'élu vous aime, et comment le comprende, vous avez juste besoin d'aimer, juste pour le fait que cette personne vit.

J'adore tout ce qui existe entre nous, c'est un petit paradis, tendre, confortable et à nous, avec toi pour notre amour si étincelant et pur, il suffit de toucher doucement nos lèvres, pour fusionner ensemble dans un rêve, cajoler ton corps proche, te donner toute ma tendresse, mes soins mon affection, mes caresses.

Je vais profiter de chaque moment passé avec toi, je suis avec toi, aussi longtemps que cela t'est nécessaire.

Это было самое счастливое время в моей жизни.

Я вспоминаю тебя твои нежные руки и твою улыбку, твою заботу обо мне и твою нежность как с тобой уютно быть дома вдвоем и в кровати а также на прогулках по городу или в парке.

Внутри все тает от счастья.

Так как быть любимым - значит быть счастливым.

Самое большое счастье в жизни – это уверенность, что тебя любят.

Чтобы я был счастлив, нужно всего одно условие - твое присутствие в моей жизни.

Ce furent les moments les plus heureux de ma vie.

Je me souviens de tes tendres mains et de ton sourire, de ta sollicitude pour moi et de ta tendresse, comme c'est agréable avec toi d'être deux à la maison et au lit et aussi faire des promenades en ville ou dans le parc.

A l'intérieur tout fond de bonheur.

Être aimé signifie être heureux.

Le plus grand bonheur de la vie est la certitude que vous êtes aimé.

Pour me rendre heureux, je n'ai besoin que d'une seule condition, ta présence dans ma vie.

Мы с тобой наверное, одно из самого важного, думаю скоро будем радоваться каждым мигом проведенным вместе, мы кормим друг друга нашей любовью, это дает нам силы жить думать друг друге, как же светлый лик твой прекрасен, а улыбка твоя греет душу мою.

Я подарю тебе всю свою нежность, какая во мне есть, я хочу и мне приятно это дарить тебе и я получаю от этого большое удовольствие и наслаждение ведь ты тоже так хочешь, я особенный. в нежности потому что это редкий дар души.

Я очень соскучилась по тебе кажется по каждому сантиметру твоего тела и твоей души я буду жить эти дни и месяцы ожиданием нашей с тобой встречи, твой свет души прекрасен он освещает нам с тобой дальнейший путь я хочу с тобой идти дальше по жизненному пути, я люблю нежность, потому что это - чудесный способ проявления любви.

Ce que nous avons avec toi est une des choses les plus importantes, je pense que bientôt nous nous réjouirons à chaque instant passé ensemble, nous nous nourrissons de notre amour, cela nous donne la force de vivre, en pensant l'un à l'autre, comme ton visage est beau, et ton sourire réchauffe mon âme.

Je te donne toute la tendresse que j'ai en moi, je le veux et je suis heureux de te donner cela, et j'en obtiens beaucoup de plaisir et de jouissance parce que tu le veux aussi, je suis spécial dans la tendresse parce que c'est un cadeau rare de l'âme.

Tu me manques beaucoup, chaque centimètre de ton corps et de ton âme, je vais vivre ces jours et ces mois en attendant notre rencontre avec toi, la luminosité de ton âme est parfaite, elle nous éclaire avec toi sur la suivante voie, je veux avec toi aller plus loin sur le chemin de la vie, j'aime la tendresse, parce que c'est un merveilleux moyen de manifester l'amour.

Я хочу чтобы мы сейчас были и жили друг для друга, я хочу немного счастья для нас двоих, которого ранее у нас никогда с тобой не было в жизни, моя душа сразу дала мне знак, я почувствовал тебя, ты для меня, то что я ждал всю свою жизнь, живу любовью к тебе, с первого дня, как я тебя увидел.

Я хочу с тобой всем тем, что у нас никогда не было ранее с тобой, когда мы проживали свою жизнь для других людей я хочу чтобы мы сейчас были и жили друг для друга.

Я буду любить тебя всегда, при любых обстоятельствах, независимо от того, что нас ждет впереди и даже если случится так, что ты разлюбишь меня, я все равно буду продолжать любить тебя.

Будь со мной всегда. Я всю свою оставшуюся жизнь буду нежно и бережно хранить нашу с тобой любовь.

Je veux que maintenant nous vivions l'un pour l'autre, je veux un peu de bonheur pour nous deux tel que nous n'avons jamais eu avec toi auparavant dans la vie, mon âme m'à donné un signe, je t'ai ressentie, tu es pour moi celle que j'ai attendue toute ma vie, je vis mon amour pour toi, dès le premier jour où je t'ai vue.

Je veux avec toi profiter avec toi de tout ce que nous n'avons jamais eu auparavant avec toi, quand nous vivions nos vies pour les autres, je veux que nous soyons maintenant et vivions l'un pour l'autre.

Je t'aimerai toujours, en toutes circonstances, peu importe ce qui nous attend et même s'il arrive que tu arrêtes de m'aimer je vais toujours continuer à t'aimer.

Sois avec moi pour toujours. Je vais passer le reste de ma vie doucement et soigneusement à protéger notre amour avec toi.

Я сейчас думаю, что во время этой встречи мы отдали друг в друге все самое дорогое что в нас есть.

Любовь – самое прекрасное и самое человечное из всех человеческих чувств, она вдохновляет людей на все лучшие в жизни поступки.

Внутрь человека именно там скрываются настоящие богатства.

А есть люди для души и сердца, единственный человек, без которого жить невозможно, как два сердца в одном сердце навсегда!

Знаешь, почему нам так хорошо вместе, как одним из главных признаков счастья?

Потому что наши чувства очень искреннее настоящие и такие глубокие!

Je pense maintenant que pendant cette rencontre nous nous sommes donnés l'un à l'autre les choses les plus précieuses qu'il y a en nous.

L'Amour, est le plus beau de tous les sentiments humains, il inspire chez les gens tout le meilleur dans les actions de la vie.

L'intérieur d'une personne, c'est là que se trouve cachée la vraie richesse.

Il y a des gens pour l'âme et pour le cœur, une personne unique, sans laquelle, il n'est pas possible de vivre, comme deux cœurs dans un seul cœur pour toujours !

Sais-toi pourquoi nous nous sentons si bien ensemble, comme un des signes principaux du bonheur ?

Parce que nos sentiments sont très sincères, réels et si profonds !

Такую женщину, как ты, я в своей жизни не встречал.

Не думал даже, не гадал, что где-то есть на свете ты, ты мой ангел, солнышко, жизнь, одна тебя люблю.

Только тебя любить я буду всей бесконечностью, в тебе все то, что мне так не хватало в жизни.

Моя душа переплелась с твоей душой полностью, так трудно быть сейчас не рядом с тобой, но я жду, хочу и мечтаю быть с тобой рядом

Любимая моя, спасибо тебе за то, что ты есть в моей жизни.

Une femme comme toi, dans ma vie je n'en ai pas rencontré.

Je n'ai même pas pensé pas même deviné, que quelque part dans le monde il y avait toi, tu es mon ange, le soleil de ma vie, je n'en aime qu'une, toi.

Je n'aimerai seulement que toi toute l'éternité, en toi tout ce qui me manque dans la vie.

Mon âme est complètement entrelacée avecla tienne, c'est tellement difficile de ne pas être maintenant à côté de toi, mais j'attends, je veux et je rêve d'être à coté de toi.

Merci mon amour pour ce que tu es dans ma vie.

Жжелание обладать, любовь – желание дарить   наслаждение взаимное желание любить друг друга, потому что мы очень давно любили друг друга, с тобой серьезной счастливой жизни для меня как никогда не будет с другая, мы сразу чувствуем интерес, узнавание и любви друг на друга.

Каждая душа проявляет свои истинныежелания, чувствуем интуитивно, на душевном уровне что мы друг на друга живем, душа способна без труда перенестись в самое отдаленное место, она совершенно не ощущали течения времени.

Ты моя тайна и моя нежная и желанная любовь. Ты моя нежная Единая Душа, я любил вдыхать твой аромат кожи, прижаться телом и обнять душой.

Я никогда не испытывал чувства сильнее, чем любовь к тебе, Каждый час, каждая минута, каждая секунда моей жизни наполнена мыслями о тебе.

Le désir de posséder, l'amour, le désir mutuel de donner du plaisir, le désir mutuel de s'aimer l'un l'autre, car nous nous aimions depuis si longtemps l'un l'autre, une vie sérieuse et heureuse avec toi pour moi, comme jamais plus il n'y en aura avec une autre, nous ressentons immédiatement de l'intérêt, de la reconnaissance et de l'amour l'un pour l'autre.

Chaque âme manifeste ses vrais désirs, nous comprenons intuitivement au niveau de l'âme, que nous vivons l'un pour l'autre, l'âme est capable de se déplacer facilement vers l'endroit le plus reculé, elle n'e sent pas le cours du temps.

Tu es mon secret et mon amour délicat et désirable. Tu es mon unique et tendre âme, j'ai aimé respirer le parfum de ta peau, te caliner le corps et étreindre l'âme.

Je n'ai jamais senti un sentiment plus fort que mon amour pour toi, chaque heure, chaque minute, chaque seconde de ma vie est remplie de pensées de toi.

У каждого на земле где то ходит та единственная половинка, ради которой мы живём, и я люблю просто быть рядом. Просто знать и чувствовать, что ты рядом со мной.

То чувство тепла где то глубоко внутри, безграничное чувство нежности.

Тебе нужен такой человек, который сможет сделать тебя счастливой по-настоящему.

Мы ощущаем сердцем, что любим друг друга навсегда, что счастье другого для нас превыше всего, что наше счастье зависит от пребывания вместе, угадываем желания, я с тобой не только из-за приятной такой редкой близости, я с тобой потому что чувствую с тобой гармоничные отношения во всем и это самое важное.

Ты так же, как и я можем близость только по любви, мы чувствуем любовь и желание друг друга.

Лишь тем мечтам суждено исполниться которые идут от сердца.

Два раза так в жизни не бывает, жизнь может подарить такие чувства и такого человека только раз, но для для этого нужно пройти долгий путь и много разных испытаний, что бы быть уже точно уверенный что это именно тот человек. Мы с тобой прошли долгий путь, чтобы узнать понять и почувствовать друг друга, мы с тобой заслужили такой Божий подарок, быть вместе.

У нашей Души уже есть ответы, в глубине нашей души.

Научи меня жить любовь моя.

Chacun à quelque part sur la terre sa moitié unique, pour laquelle nous vivons, et moi j'aime être simplement à tes cotés. Seulement savoir et ressentir que tu es à coté de moi.

Ce sentiment de chaleur profondément à l'intérieur, un sentiment de tendrèsse illimitée.

Tu as besoin d'une telle personne, qui te rendra réellement sincèrement heureuse.

Nous sentons avec notre cœur que nous nous aimons pour toujours l'un l'autre, que le bonheur de l'autre pour nous est avant tout, que notre bonheur dépend de rester ensemble, nous devinons le désir, je suis avec toi non seulement en raison de cette intimité si agréable et si rare, je suis avec toi parce que je ressens avec toi une relation harmonieuse en tout, et c'est le plus important.

Toi aussi bien que moi, ne pouvons avoir d'intimité que pour l'amour, nous ressentons l'amour et le désir l'un de l'autre.

Seuls sont destinés à s'accomplir les rêves qui viennent du cœur.

Cela n'arrive pas deux fois dans la vie, la vie peut donner de tels sentiments et une telle personne qu'une seule fois, mais pour cela, il est nécessaire d'aller sur un long chemin et faire de nombreuxses tentatives différentes pour être déjà précisément convaincu que c'est exactement cette personne, nous avec toi, avons parcouru un long chemin pour apprendre à nous comprendre et à nous ressentir, nous vous avons mérité un tel cadeau de Dieu, être ensemble.

Dans nos âmes il y a déjà les réponses, profondément dans nos âmes.

Apprends-moi à vivre Mon Amour.

Мы не будем терять наши чувства, они такие редкие, будем беречь и заботиться нежно друг о друге, и пусть все будет еще лучше, все быстро случилось и произошло, словно мы очень много лет хорошо знали друг друга и чувствовали, что хотим.

Серьезные отношения не быстро строятся, все, что быстро происходит и также быстро все проходит, так бывает часто и это все несерьезно.

А когда много лет через слезы объяснения понимание и люди понимают, что это именно то, что они ждали всю свою жизнь, значит это настоящее чувство любви и того человека, которого ждал всю свою жизнь, и он обязательно будет, хотя иногда для этого требуется почти вся жизнь.

Мы очень глубоко проникли друг другу в души и в сердце и также глубоко и нежно в тело друг друга и это все что нам нужно с тобой.

Понимаешь я словно душой вдохнул в тебя свою любовь.

Ты пила мою души и также вдыхал в тебя свою душу.

Ты будешь со мной всегда в любом случае из своей души я тебя не отпущу никогда и ты это будешь чувствовать.

Если будет суждено то конечно мы будем вместе и до конца.

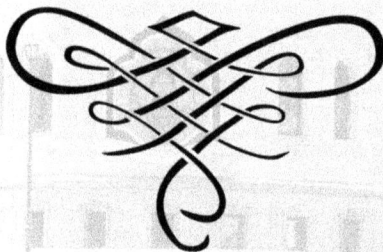

Nous ne perdrons pas nos sentiments, ils sont si rares, nous chérirons et prendrons soin l'un de l'autre doucement, et que tout soit encore mieux, tout s'est vite passé et arrivé, comme si nous nous connaissions l'un l'autre depuis de nombreuses années et senti que nous voulions cela.

Les relations sérieuses ne se construisent pas vite, tout ce qui arrive rapidement, passe tout aussi vite, et cela arrive souvent, et ce n'est pas sérieux.

Et quand de nombreuses années passent à travers les larmes d'explications, les personnes comprennent ce qu'elles ont attendu toute leur vie, cela signifie que c'est ce qu'ils attendaient depuis toujours, alors c'est un vrai sentiment d'amour, et cette personne qui a attendu toute sa vie sera sure, même si parfois cela prend presque toute la vie pour cela.

Nous avons pénétré profondément dans l'âme et dans le coeur l'un de l'autre, et aussi profondément et doucement dans le corps l'un de l'autre, et c'est tout ce dont nous avons besoin avec toi.

Comprends-tu, c'est comme si je respire avec mon âme, mon amour pour toi.

Tu as bu mon âme et j'ai aussi inhalé ton âme en toi.

Tu seras toujours avec moi de toutes façons dans mon âme, je ne te laisserai pas partir et tu le sentiras.

S'il nous sommes destinés, alors, naturellement, nous serons ensemble et à jusqu'à la fin.

Я тоже мечтаю о нежном тихом уютном будущем с тобой жить в любви и уважении наверное мы с тобой друг для друга самое светлое чистое нежное желанное, то что мы ждали всю свою жизнь.

Я знаю, что для тебя это было в первый раз в твоей жизни ты ощутил такой покой и безмятежность твоего сердца.

Мы оба уже хотим все реально, потому что уже знаем, как это может быть, и уже гораздо лучше, потому что уже мы очень близки.

Я теперь знаю, как сильно тебя люблю, ты мое счастье и хочу дарить тебе все лучшее, что есть во мне, чтобы твоя жизнь была прекрасна и твоя душа была спокойна и в ней горел лучик любви ко мне и никогда не угасал.

Ты моя навсегда и с каждым днем влюбляюсь в тебя еще сильнее, когда мы вместе, то мы счастливы.

Je rêve aussi d'un avenir confortable silencieux délicat pour vivre avec toi dans l'amour et le respect probablement, avec toi, l'un pour l'autre, nous sommes le plus délicat, tendre, et désirable, que nous avons attendu toute notre vie.

Je sais que pour toi c'était la première fois de ta vie que tu as ressenti cette paix et cette sérénité dans ton cœur.

Nous voulons à nouveau que tout soit réel, parceque nous savons déjà comment cela peut être, et déjà beaucoup mieux, car nous sommes déjà très proches.

Maintenant, je sais combien je t'aime, tu es mon bonheur, et je veux te donner tout ce qu'il y a de meilleur en moi, que ta vie soit parfaite et que ton âme demeure calme et que brûle un rayon d'amour pour moi, et jamais ne s'éfface.

Tu es mienne pour toujours et chaque jour, je tombe amoureux de toi encore plus, quand nous sommes ensemble, nous sommes heureux.

Наши чувства и отношения друг к другу с годами приобретают новые оттенки нежности душевности и любви, сейчас душой чувствуем друг друга, я теперь знаю, как сильно тебя люблю...ты мое счастье и хочу дарить тебе все лучшее, что есть во мне, чтобы твоя жизнь была прекрасна и твоя душа была спокойна и в ней горел лучик любви ко мне и никогда не угасал.

Твоя душа и отношение ко мне очень нежное доброе и рядом и на расстоянии, у меня тоже с каждым годом любви и нежности становится больше к тебе.

Чьё-то сердце гремело рядом.

Ты моя нежность.

Закрываю глаза на секунду.

Чьё-то сердце стучит в темноте.

Близко-близко, дотронуться трудно.

Потому что оно уж во мне.

Где-то справа души основанья.

Оно тихо живёт, словно ёж.

Ощущая свободу.

Не страшны тридцати миль расстояния.

В звуках ветра его ты найдёшь!

Nos sentiments et attitudes ensemble avec les années qui ont passé, acquièrent les nouvelles nuances de tendresse spiritualité et d'amour, maintenant nous nous ressentons avec notre âme, je sais maintenant combien je t'aime, tu es mon bonheur et je veux te donner tout ce qu'il y a de meilleur en moi, que ta vie était belle et ton âme demeure calme, que le rayon d'amour brûle pour moi et ne s'éteigne jamais

Ton âme et ton attitude envers moi sont très douces et gentilles à proximité comme à distance, j'ai aussi plus d'amour et de tendresse avec chaque année qui passe.

Le cœur de quelqu'un tonne à proximité.

Tu es ma tendresse.

Je ferme les yeux une seconde.

Le cœur de quelqu'un bat dans l'obscurité.

Proche, très proche mais si difficile à toucher.

Parce qu'il vit en moi.

Quelque part à la droite de l'âme de la fondation.

Il vit tranquillement, comme un hérisson.

Sentant sa liberté

N'ai pas peur des milliers de milles dans la distance.

Dans les sons du vent tu le trouveras !

Двери счастья открываются изнутри.

Об этом мечтают все, встретить свою половину и растворяться друг в друге, но, это не всем суждено, иногда проходит целая жизнь и люди проживают совсем не с теми половинками, которые предназначены для них, в молодости и в жизни мы много совершаем ошибок прежде чем понять, что нам важно в этой жизни и что мы хотим.

Она дарила ему себя, отдавая все без остатка, научила его смеяться, говорила глупости, все время целовала его и долго-долго смотрела в его темные бездонные глаза-так никто и никогда на него не смотрел и ему это нравилось. она заполнила пустоту его дома, пустоту его души. они никогда не расставались, чувствовали друг друга, как одно целое.

Так безумно и безудержно, что могла простить ему все, долго и пристально смотрел прямо в глаза безгранично отдавая ему свою любовь.

Les portes du bonheur s'ouvrent de l'intérieur.

Tout le monde rêve à ce sujet, rencontrer sa seconde moitié et se fondre l'un dans l'autre, mais, tous ne sont pas destinés, parfois une vie entière passe et les gens ne vivent pas complètement avec ces moitiés qui leur sont destinées, dans la jeunesse et dans la vie nous faisons beaucoup d'erreurs, avant de réaliser ce qui est important pour nous et ce que nous voulons dans cette vie.

Elle le donna elle-même à lui, donnant tout sans laisser de trace, lui apprit à rire, à dire des bêtises, à l'embrasser tout le temps et à regarder longtemps dans ses yeux sombres et sans fond, comme personne ne le regardait jamais, elle remplissait le vide de sa maison, le vide de son âme, ils ne se séparaient jamais, ils se sentaient l'un l'autre comme un tout.

Si fou et sans retenue qu'elle pourrait lui pardonner tout, long et fixement droit dans les yeux, lui donnant son amour infini.

В душе своей люди всегда носят образы тех, кого любят, они живут в сердце, чувствую себя с тобой.

Ты моя навсегда и с каждым днем влюбляюсь в тебя еще сильнее. Когда мы вместе, то мы счастливы, это очень душевные знаки внимания, они могут возникнуть просто так, только по велению сердца

Я и правда хочу тебя все больше и больше, первая встреча была очень волнительная, потому что мы впервые увидели друг друга, сейчас все будет по другому, мы реально очень близки и хочу много нежности и приятности во всем рядом с тобой.

У меня тоже с каждым годом любви и нежности становится больше к тебе.

Dans leur âme, les gens portent toujours des images de ceux qu'ils aiment. Ils vivent dans le cœur, je me sens moi-même avec toi.

Tu es mienne pour toujours, et chaque jour je tombe amoureux de toi encore plus. Quand nous sommes ensemble, nous sommes heureux, ce sont des signes très émouvants d'attention, ils peuvent surgir comme ça, seulement à la demande du cœur.

Je te veux vraiment de plus en plus, la première rencontre a été très excitante, parce que nous nous sommes vus pour la première fois l'un l'autre, désormais tout sera différent, nous sommes réellement très proches et je veux beaucoup de tendresse et d'agrément dans tout ce qui t'entoure.

J'ai aussi chaque année qui passe, plus d'amour et de tendresse pour toi.

Знаешь в нашей с тобой такой любви, мы стали с тобой лучше с годами более нежные чувственные и душевные.

Мы правда с тобой стали одним целым, я не могу уже без тебя.

Наши с тобой души от такой искренней любви стали светлые и чистые.

Я только с тобой понял, как могу быть счастлив в жизни и чего мне не хватало все эти годы.

Тебя рядом.

Когда мы с тобой были реально так близко, мне так было с тобой уютно и нежно, я словно всегда был рядом с тобой и очень давно знал тебя, единение наших душ и наших сердец, ты во мне и всегда будешь со мной, глубоко в моей душе и все мое тело тоже уже полно тобой.

Моя душа глубокая и красивая, я могу видеть и так же чувствовать, то что не видят не чувствуют и не понимают другие люди.

Я счастлив, что могу так глубоко все чувствовать.

Я хочу разбудить в тебе нежность, которой у тебя много но такая твоя нежность была невостребованная ранее я хочу твою такую нежность которая в тебе есть я хочу ее для себя.

Мы очень глубоко проникли друг другу в души и в сердце и это все что нам нужно с тобой. Наши чувства и отношения друг к другу с годами приобретают новые оттенки нежности душевности желаю нежности тебе, спешу тебе ее дарить.

Tu sais, dans notre vie avec toi, dans un tel amour, nous sommes devenus meilleurs avec toi avec les années, plus délicats, sensitifs et sensuels.

Nous sommes réellement devenus un tout avec toi, je ne peux déjà pas être sans toi.

Nos âmes avec toi sont devenues plus lumineuses et pures.

J'ai seulement compris avec toi comment je veux être heureux dans la vie et tout ce qui m'a manqué toutes ces années.
Toi à côté.

Quand nous avec toi fumes réellement si proches, ce fut pour moi confortable et tendre, j'étais toujours à coté, et te connaissais depuis longtemps, l'union de nos âmes et de nos cœurs, tu es en moi et seras toujours avec moi, profondément dans mon âme et dans tout mon corps est rempli de toi.

Mon âme est profonde et belle, je peux voir et aussi ressentir ce que les autres ne voient pas et ne comprennent pas.

Je suis heureux de tout pouvoir ressentir si profondément.

Je veux réveiller en toi ta tendresse, celle que tu as énormément, mais une telle tendresse n'a pas été réclamée auparavant, je veux ta tendresse telle que tu as en toi, je la veux pour moi.

Nous avons pénétré l'un l'autre très profondément dans l'âme et dans le cœur, et c'est tout ce dont nous avons besoin avec toi. Nos sentiments et attitudes l'un pour l'autre ont acquis avec les années de nouvelles nuances detendrèsse et de sensualité, je souhaite de la tendresse pour toi et je me dépêche de te la donner.

Жизнь с тобой это счастье, свет в душе, желание в теле и в голове и в мыслях только ты, мы созданы друг для друга, я даю тебе силы своей любовью к тебе, я буду шептать тебе на ушко, и буду нежно губами касаться твоего ушка, я соскучилась по твоим губам и твоим поцелуям везде.

Я хочу чтобы ты знал, что я не могу без тебя, надеюсь ты это чувствуешь, ты мне очень и очень нужен и важен в наших с тобой отношениях, ты не представляешь, как много тебе хочется подарить.

Просто быть рядом, прижавшись, чувствовать тепло, слышать трепет дыханья, запах, просто молчать, я мечтаю с тобой о такой реальной близости чтобы еще сильнее и острее все чувствовать с тобой рядом.

Искренние чувства возникают от души и дарятся искренне, на ухо тихо прошепчу, Как сильно я тебя хочу.

La vie avec toi c'est le bonheur une lumière dans l'âme un désir dans le corps et dans la tête des pensées seulement pour toi, nous sommes faits l'un pour l'autre, je te donne la force avec mon amour pour toi, je murmurerai à ton oreille et je toucherai doucement ton oreille avec mes lèvres, tes lèvres et tes baisers partout me manquent.

Je veux que tu saches que je ne peux pas être sans toi, j'espère que tu le ressens, j'ai beaucoup, beaucoup besoin de toi et nos relations avec toi sont importantes, tu ne peux pas t'imaginer combien je souhaiterais te donner.

Simplement être à côté, serrés, sentir la chaleur, entendre le tremblement du souffle, les odeurs, et simplement le silence, je rêve avec toi d'une telle intimité pour la rendre encore plus forte et plus nette avec toi à côté à mes côtés.

Les sentiments sincères surgissent du cœur et sont sincèrement donnés, doucement à l'oreille je te chuchoterai, combien je te veux si fort.

Любимая моя, ты даришь мне вдохновение и надежду, с тобой я чувствую себя невероятно счастливым.

Ты впечатляешь, поражаешь, удивляешь, с тобой комфортно, спокойно и бесконечно хорошо.

В течении дня в моей голове находится огромное количество мыслей. Но ночью, я думаю только о тебе.

Именно по этой причине мне всегда снятся хорошие сны: они полны цветов, красок и любви.

Утром, когда я только просыпаюсь и даже еще не успеваю открыть глаза, моя первая мысль тоже о тебе.

Поэтому я знаю, что каждое мое утро будет добрым.

Mon amoureuse, tu me donnes de l'inspiration et de l'espoir, avec toi je me sens incroyablement heureux.

Tu minpressiones, me surprends, avec toi, c'est confortable, calme et infiniment bon.

Au cours de la journée dans ma tête il y a un grand nombre de pensées. Mais la nuit, je ne pense qu'à toi.

C'est pour cette raison que j'ai toujours de beaux rêves : ils sont pleins de couleurs, de beauté et d'amour.

Le matin, quand je me réveille et sans avoir déjà eu le temps d'ouvrir les yeux, ma première pensée, est aussi, pour toi.

Par conséquent, je sais que chaque matin sera doux.

Будь рядом и словом, и взглядом.

И телом, и сердцем, прошу я, будь рядом.

Будь рядом со мною, пока, на земле, живут наши жизни.

В этот день и в этот час я хочу от всего сердца сказать, что моя любовь к тебе безупречна и бесконечна сердце радостно стучит.

Ты окрыляешь меня и даришь мне счастье, ты для меня лучик солнца и свет моей надежды.

Спасибо тебе за то, что ты есть у меня.

Я очень сильно люблю тебя, сердце радостно стучит.

Sois à proximité et dans les mots et par le regard.

Et le corps et le coeur, je demande, sois là coté.

Reste près de moi, tant que nous vivons nos vies sur terre.

A ce jour et en cette heure, je veux te dire de tout mon cœur, tu es mon amour, impécablement, et infiniement, mon cœur bat de joie.

Tu m'inspires et me donnes du bonheur, tu es pour moi le rayon de soleil, la lumière de mon espoir.

Merci pour ce que tu es pour moi.

Je t'aime très fort, mon cœur bat de joie.

Я никогда не думал, что человек может стать смыслом жизни другого человека!

И теперь для меня самое огромное счастье быть рядом с тобой, верить одним мечтам, дышать одним воздухом, дарить свою любовь бесконечно и просто знать, что ты есть!

Какое счастье, что рядом со мною — ты!

Мне даже страшно себе представить, что мы могли никогда не встретить друг друга, а просто пройти мимо, даже не взглянув.

Ведь именно так проходят мимо нас ежедневно тысячи людей.

Без тебя не было бы того, что мне дорого, того, что я ценю, того, о чем мечтаю и того, на что я надеюсь. Без тебя не было бы ничего.

Je n'ai jamais pensé qu'une personne puisse devenir le sens de la vie d'une autre personne !

Et maintenant pour moi le plus grand bonheur est d'être près de toi, croire en un rêve, respirer le même air, donner mon amour sans limites, et simplement savoir que tu es là !

Quel bonheur, qu'à côté de moi il y ait toi !

J'ai même peur d'imaginer que nous ne pourrions jamais nous rencontrer, mais simplement passer sans même se regarder.

C'est ainsi que passent des milliers de personnes chaque jour.

Sans toi, il n'y aurait pas ce qui m'est cher, ce que j'apprécie, ce dont je rêve et ce que j'espère. Sans toi, il n'y aurait rien.

Самое сокровенное желание — хоть на мгновение услышать твой голос, и тогда я снова познаю вкус счастья!

С тобой отпускаю часть своей души. Береги ее, Без тебя мир перестал радовать и будто потерял всю свою яркость, Ты мое чудо, в которое я не перестаю верить.

А может на расстоянии мысли, Любимая, моя желанная.

Есть две половинки одной Души.

Чем я это заслужил?

А ты давно уже место в моей душе, наверное, тем, что безумно люблю тебя. Время быстро летит, словно все было вчера.

Le désir le plus secret - même pour un moment d'entendre ta voix, et alors j'apprendrai à nouveau le goût du bonheur !

Je perds une partie de mon âme à tes cotés, prends soins d'elle, sans toi le monde à cessé de me plaire comme s'il avait perdu toute sa splendeur, tu es mon miracle, dans le quel je ne cèsse de croire.

Et peut-être à la distance de la pensée, Bien-aimés, ma désirée.

Il y a deux moitiés d'une seule âme.

Qu'ai-je fait pour mériter cela ?

Et tu as une place dans mon âme depuis longtemps, probablement parce que je t'aime follement. Le temps passe vite, comme si tout était hier.

В тишине миров на неведанном пространстве, есть две половинки одной Души, вот, вот как-то так.

Ты, часть моей души и наполняет тело, до глубины души.

Ты моя душа.

И душе моей томно становится, если ты не со мной, то внутри.

Как стремительно летит время.

Казалось вы только вчера, начали встречаться с тобой.

Dans un espace-temps inconnu, il y a deux moitiés d'une âme, voila, c'est en quelque sorte ainsi.

Tu es une partie de mon âme, et remplis le corps, jusque dans les profondeurs de l'âme.

Tu es mon âme.

Et mon âme se languit, si tu n'es pas avec moi, alors à l'intérieur.

Comme le temps passe vite.

Il semble que nous avons commencé à nous rencontrer juste hier.

Мы с тобой очень долго ждали этой встречи и была большая страсть у тебя и у меня.

Я помню каждый с тобой день, и наши с тобой романтические вечера, и такие нежные ночи.

Реально ты хорошо чувствовала меня во всем, для тебя это был долгожданный момент.

Даже слезы радости и счастья, для тебя наверное это был маленький приятный шок.

Это подарок нам с тобой от жизни, так бывает очень редко.

Целую!

Nous avons avec toi longtemps attendu cette rencontre et ce fut une grande passion pour toi et moi.

Je me souviens de chaque jour avec toi, de nos soirées romantiques, et de ces douces nuits.

Tu m'as réellement ressenti dans tout, ce fut pour toi un moment longuement attendu.

Déjà des larmes de joie et de bonheur, cela fut probablement pour toi un petit choc agréable.

C'est pour nous avec toi un cadeau e la vie, cela arrive très rarement.

Bisou !

Спасибо тебе за подаренный свет для моей души.

Я понимаю и чувствую, что ты сильно думаешь обо мне, когда у тебя сильно я это чувствую, у меня возникает такое же взаимное желание к тебе, такой покой, когда ты рядом спишь со мной.

Мы чувствовали и хотели друг друга душой и поэтому так было приятно до слез.

Очень трудное расставание для меня и для тебя.

Мы очень сильно любим друг друга, сейчас я уверен в этом.

Трудно передать словами, как сильно я скучаю по тебе, как хотел бы в этот миг быть с тобой рядом, как крепко обнял бы тебя и прижал к себе.

Merci à toi pour me donner de la lumière pour mon âme.

Je comprends et ressens, que tu penses très fort à moi, quand je ressens cela très fort, survient un tel désir réciproque pour toi, quelle paix quand tu dors à côté de moi.

Nous ressentions et voulions l'âme de l'un et de l'autre, et voilà pourquoi cela fut agréable jusqu'aux larmes.

Très difficile de se séparer pour moi et pour toi.

Nous nous aimons très fort l'un l'autre, maintenant je suis convaincu de cela.

Il est difficile de dire avec des mots combien tu me manques, comme je voudrais être avec toi en ce moment te serrer très fort et te tenir près de moi.

Я пытаюсь каждый раз найти новые слова, чтобы по-новому рассказать тебе о своей любви.

Мы с тобой заслужили настоящее счастье, которое будет преследовать тебя на протяжении всей нашей жизни.

Нежность позволяет выйти за собственные границы, преодолеть изначальное, экзистенциальное чувство одиночества, нежность многое дает людям, которые понимают и знают и могут быть нежными.

Своими губами осушу твои слезы и буду нежно гладить тебя по волосам.

Ты-мои желания, распахни для меня счастья дверцу.

С удовольствием буду вспоминать время, что мы провели вместе.

Я тебя, благодарую ты моя частичка счастья, я безумно благодарую судьбе.

Сегодня я решил вспомнить сколько же незабываемых моментов ты подарила за эти дни, которые мы были вместе, потому что у меня начинает быстрее биться сердце, когда я слышу твой голос, радость моя.

Мне ни с кем никогда не было так хорошо, как с тобой, периода, который мы все вместе прожили.

Столько эмоций, словами весь восторг не описать, спасибо тебе огромное, ты наполнила мое сердце радостью и любовью, ты наполнила внутренний мир моей души сделала его богатым.

Такие люди как ты любят они неистово и самозабвенно.

Потому что влюбляются они только один раз и часто проносят в себе любовь к единственному человеку через всю жизнь.

Такие люди как ты, украшают этот мир с своя любовь!

J'essaie à chaque fois de trouver de nouveaux mots, afin de vous parler de mon amour d'une manière nouvelle.

Nous avons gagné avec toi, le vrai bonheur qui vous suivra tout au long de notre vie.

La tendresse vous permet d'aller au-delà de vos propres limites, de surmonter le sens originel et existentiel de la solitude, la tendresse donne beaucoup aux personnes qui comprennent et savent et peuvent être tendres.

Je vais drainer tes larmes avec mes lèvres et caresser doucement tes cheveux.

Tu es mes désirs, ouvre pour moi la porte du bonheur.

Avec plaisir, je serai heureux de me souvenir du temps que nous avons passé ensemble.

Je te remercie, merci pour ma part de bonheur, je suis follement reconnaissant du destin.

Aujourd'hui j'ai décidé de me rappeler combien de moments inoubliables tu m'as donné pour ces jours, où nous étions ensemble, parce que mon cœur commence à battre plus vite quand j'entends ta voix, ma joie.

Je n'ai jamais été aussi bien avec qui que ce soit comme avec toi, la période que nous avons tous vécue ensemble.

Tant d'émotions, les mots ne peuvent décrire tout l'enthousiasme, merci beaucoup à toi, tu as rempli mon coeur de joie et d'amour, tu as rempli le monde intérieur de mon âme et l'as rendu riche.

De telles personnes comme toi aiment passionnément et de manière désintéressée.

Parce qu'ils ne tombent amoureux qu'une seule fois et portent souvent un amour pour une seule personne dans toute leur vie.

De telles personnes comme toi décorent ce monde avec leur amour.

Самое малое, что ты можешь сделать в этой жизни — это любить, самое большое — сохранить эту любовь до самого конца. Наверное этим и отличаются люди друг от друга — глубиной сердца, масштабами души.

Есть такая любовь — что до истерики.

Где каждое слово, взгляд, прикосновение рождают бурю эмоций.

Величие души должно быть свойством всех людей, всему тому, что мы сами тайно храним у себя в душе.

Источником счастья всегда является человеческая душа.

Надо постоянно заботиться о своей душе.

Источником счастья является душа.

Настолько образ твой проник мне в душу.

Огонь любви в душе разбудила.

Душа должна души коснуться, две души, как одна.

Душа с душой должны сливаться.

Любовь согревает душу.

Я могу тебе сказать.

Без любви невозможно жить.

Что такое Душа... Энергия любви.

La plus petite chose que vous pouvez faire dans cette vie est d'aimer, le plus grand est de garder cet amour jusqu'au bout. Peut-être que c'est ce qui distingue les gens les uns des autres - la profondeur du cœur, l'échelle de l'âme.

Il y a un tel amour - jusqu'à l'hystérie.

Où chaque mot, regard, toucher donne naissance à une tempête d'émotions.

La grandeur de l'âme doit être pour toutes les personnes, tout ce que nous sommes est secrètement stocké dans en soi dans son âme.

La source du bonheur est toujours l'âme humaine.

Il est nécessaire de prendre constamment soin de votre âme.

La source de bonheur provient de l'âme.

Combien ton image est entrée dans mon âme.

Le feu de l'amour dans l'âme s'est éveillé.

L'âme doit toucher l'âme, deux âmes, comme une.

L'âme avec l'âme doit fusionner.

L'amour réchauffe l'âme.

Je peux te dire.

Sans amour c'est impossible de vivre.

Qu'est-ce que l'âme…L'énergie de l'amour.

Любовь важна не как одно из наших чувств, а как перенесение всего нашего жизненного интереса из себя в другое, как перестановка самого центра нашей личной жизни.

Мы часто ищем нежные слова в своей душе, в сердце, чтобы выразить свои чувства к нашим любимым, близким людям, когда хотим подарить им радость !

Когда человек находится в состоянии любви – это высшее состояние уверенности и спокойствия.

Я иногда совершенно не знаю, что тебе сказать, ты слишком далеко, чтобы обнять.

Ты слишком глубоко в душе чтобы отпустить.

У любви нет аргументов, ты моя одна любовь в этой жизни.

У любви нет пределов, когда у неё есть предел, это не любовь.

Хочу серьезное чувство. Я хочу стать той дверью и войти в твоего сердца, душу

Тихо и спокойно открыть такую дверь и на цыпочках нежно войти в душу, сердце моё стучит и живет для тебя, как можно объяснить это непостижимое притяжение каждый по-своему?

Этому сближению способствует из душу, быть связанными друг с другом невидимой нитью чувств.

Сближение душ происходит постепенно.

В разном возрасте счастье имеет разный вкус.

Сродство душ способствует.

L'amour est important non pas comme un de nos sentiments, mais comme le transfert de tous nos intérêts vitaux de nous-mêmes dans un autre, comme un réarrangement du centre même de notre vie personnelle.

Nous cherchons souvent des mots tendres dans nos âmes, dans nos coeurs, pour exprimer nos sentiments pour ceux que nous aimons, lorsque nous voulons leur donner de la joie !

Quand une personne est dans un état d'amour, c'est l'état le plus élevé de confiance et de tranquillité.

Parfois je ne sais absolument pas quoi te dire, tu es trop loin pour te faire te câliner, et trop profondément dans l'âme pour te laisser aller.

Tu es extrêmement profond dans mon âme pour te laisser partir.

L'amour n'a pas d'arguments, tu es mon unique amour dans cette vie.

L'amour n'a pas de limites, quand il a une limite, ce n'est pas l'amour.

Je veux un sentiment sérieux, je veux être cette porte et entrer dans ton cœur, dans l'âme.

Tranquillement et calmement ouvrir cette porte et sur la pointe des pieds doucement entrer dans l'âme, mon cœur ne vit et ne bat que pour toi, comment pouvoir expliquer cette attraction impénétrable, chacun a sa manière ?

Ce rapprochement est facilité par l'âme, se connecter l'un l'autre par un fil invisible de sentiments.
La convergence des âmes se produit progressivement.

A différents âges, le bonheur a un goût distinct.

L'affinité des âmes y contribue

102

Я люблю твое тело, оттого что оно прекрасно. очень люблю ласкать тебя и целовать везде., я хочу с тобой очень нежно и романтично, сильно и незабываемо приятно для нас с тобой с очень нежным поцелуем.

Мы же знаем, что не сможем друг без друга.

Я даже не могу подумать и представить, какая бы была это душевная боль для нас с тобой потерять друг друга.

Ты тоже смысл моей жизни, потому что я постоянно думаю о тебе и эти мысли такие приятные, я многое хочу с тобой попробовать еще в этой жизни.

Люблю все наши с тобой нежности и близости, которые мы дарим друг другу и еще много всего приятного.

Нежным и романтичным способом это были незабываемые ощущения, незабываемые впечатления.

Звучала музыка и таяла душа.

Это лучший и самый незабываемый вечер в моей жизни!

J'aime ton corps parce qu'il est beau beau. J'aime beaucoup te caresser et t'embrasser partout, je le veux avec toi très doux et romantique, fort et inoubliable, agréable pour nous avec toi, avec de tendres baisers.

Nous savons que nous ne pouvons pas l'un sans l'autre.

Je ne peux même pas penser et imaginer quel genre de douleur ce serait pour nous avec toi, de se perdre l'un l'autre.

Toi aussi, tu es le sens de ma vie, parce que je pense constamment à toi et que ces pensées sont si agréables, je veux goûter encore beaucoup plus de choses avec toi dans cette vie.

Une manière douce et romantique, c'était une expérience inoubliable, impressions inoubliables.

J'aime toute notre tendresse et notre intimité avec toi, celle que nous donnons l'un à l'autre et encore plus de choses agréables.
Il y avait de la musique qui faisait fondre l'âme.

C'est le meilleur et le plus mémorable soir de ma vie !

Вот и ты вошла в мою жизнь.

Я думаю смогу раскрыться для тебя в полной к тебе нежности для тела и души.

Я рядом с тобой получаю очень много эмоций удовольствия и впечатлений.

Мы сидели на полу при свечах и говорили обо всем и ни о чем, было очень романтично спасибо за незабываемые эмоции незабываемую ночь в засыпанной лепестками роз.

Как же я люблю с тобой наши нежные и тихие романтические вечера, они особенные, так как любим мы.

Мне кажется мы с тобой самые нежнейшие люди, наверное так нежно любить могут немногие.

Мне кажется мы с тобой самые нежнейшие люди с каждым новым днём мы становимся всё ближе.

Мы с тобой уже давно живем мыслями друг друга.

Возможность дается тем, кто мечтает.

Чудо дается тем, кто верит. Было бы совсем незабываемо.

Voilà tu es entrée dans ma vie.

Je pense que je peux m'ouvrir à toi dans l'affection complète pour le corps et l'âme.

Je suis près de toi, j'ai beaucoup d'émotions de plaisir et d'impressions.

Nous nous sommes assis par terre aux chandelles et nous avons parlé de tout et de rien, c'était très romantique merci pour ces émotions inoubliables, inoubliable nuit dans les pétales de rose parsemés.

Comme je t'aime avec nos soirées romantiques douces et calmes, elles sont spéciales, telles que nous les aimons.

Il me semble que nous sommes les gens les plus doux, probablement qu'aimer si tendrement très peu le peuvent.

Je pense que nous sommes avec toi les personnes les plus douces à chaque nouvelle journée nous devenons plus proches.

Nous vivons avec toi depuis longtemps dans les pensées l'un de l'autre.

L'occasion est donnée à ceux qui rêvent.

Un miracle est donné à ceux qui croient. Ce serait absolument inoubliable.

Ты мне очень нужен, ты лучик счастья, который светишь в моей душе, и я тебя очень люблю отношения переросли в большую любовь.

Мы так глубоко друг в друге, что я не представляю жизни без тебя когда искренняя любовь, то оказывается так приятно любить и хочется быть рядом каждую минутку.

Бывают дни с первого взгляда понравились глубокая Любовь в сердце.

Вдруг раскрылось во всей наготе а поверх сплошные объятия душ.

Сладкий плен твоих рук, вот такая близкая связь с тобой окончательно соединила нас.

Нежный вкус твоих губ когда в надрыве моя душа мечется как палый лист, она не знает что делать.

Это такие счастливые дни для нас с тобой.

Я не знал, что в жизни возможна такая красивая редкая нежная и очень сильная любовь между мужчиной и женщиной.

Не каждому в жизни вот так повезёт, Как мне повезло, безусловно, не каждый на всём белом свете найдёт свою половинку с любовью.

Тебя, моя милая.

J'ai vraiment très besoin de toi, tu es le rayon de bonheur qui brille dans mon âme et je t'aime vraiment, la relation s'est transformée en un grand amour.

Nous sommes si profonds l'un dans l'autre, que je ne peux pas imaginer la vie sans toi quand l'amour est sisincère, qu'il s'avère si agréable d'aimer et je veux être là chaque minute.

Il y a des jours où dès le premier regard survient un Amour profond dans le cœur.

Subitement révélé dans toute la nudité et sur l'étreinte solide des âmes.

La douce captivité de tes mains, voilà le lien étroit qui nous a finalement connectés avec toi.

Goût délicat de tes lèvres quand dans une larme mon âme se précipite comme une feuille, elle ne sait que faire.

Ce sont de tels jours heureux pour nous avec toi.

Je ne savais pas que dans la vie amour tellement fort, si beau, tendre et rare était possible entre un homme et une femme.

Tout le monde dans la vie n'est pas aussi chanceux, comme j'ai eu de la chance, tout le monde dans le monde entier ne trouvera pas sa moitié dans l'amour.

Toi ma mignonne.

Я хотел чего то особенного возвышенного с тобой, я буду оберегать покой твоей души пока живу, чувствую, то мы с тобой два серьезных и взрослых человека с искренними добрыми нежными чувствами, мы выполняем все то, что обещаем друг другу и хочется еще большего с тобой.

Я своей душой и своей лаской, успокою любые твои штормы в душе, моя душа как компасс поворачивается к тебе, когда в жизни моей бушуют штормы.

Хорошо, когда есть человек, который думает о тебе хорошо, с любовью, и порой - даже лучше, чем ты этого заслуживаешь. Ты высечена в моем сердце. Это дорогого стоит!

Я думаю тронул твою душу и воспламенил твою плоть, я делаю с тобой это по любви и очень искренне, нужно всегда в жизни иметь цель веру надежду и любовь.

Je voulais quelque chose de sublime avec toi, je protègerai la paix dans ton âme tant que je vivrai, je sens que toi et moi sommes deux personnes sérieuses et adultes avec des sentiments sincères et tendres, nous réalisons tout ce que nous nous promettons et voulons plus avec toi.

Dans mon âme et avec mon affection, je calmerai toutes tes tempêtes dans ton âme, mon âme, se tourne vers toi comme une boussole, quand les tempêtes font rage dans ma vie.

C'est bon, quand il y a une personne qui pense à toi bien avec amour, et parfois même plus que tu ne le mérites.
Tu es sculptée dans mon cœur. Cela vaut très cher !

Je pense que j'ai touché ton âme et enflammé ta chair, Je le fais avec amour et très sincèrement, il faut toujours avoir foi dans la vie, croire en l'espoir et en l'amour.

Я люблю, что мы так во многом совпадаем с тобой.

В этот раз ты мог уехать с более спокойным сердцем.

У каждого — свой тайный личный мир.

Укаждой все особое.

Умение радоваться жизни и держать удары судьбы.

Надо научиться держать удары судьбы.

Держать удар судьбы.

Мы с тобой романтики, наверно.

Я тебя стал лучше понимать и чувствовать, мы все глубже пускаем друг друга в души.

Мы с тобой романтики, очень нежные романтики, мечтающие о прекрасной искренней любви.

Мы все глубже погружаемся друг в друга.

А мне это приятно и нравится.

J'aime que nous coïncidions tellement avec toi.

En ce moment tu peux aller avec un cœur plus calme.

Dans chacun il y a son monde intérieur.

Dans chacun il y a quelque chose de spécial.

Aptitude à profiter de la vie et à garder les coups du destin.

Besoin de se garder les coups du destin.

Garder les coups du destin.

Nous sommes probablement des romantiques avec toi.

J'ai commencé à comprendre et à te sentir mieux, nous initions tout profondément dans l'âme de l'un et de l'autre.

Nous sommes des romantiques, des romantiques rêvant d'un bel amour sincère.

Nous nous immergeons l'un dans l'autre.

Et cela m'est agréable et cela me plait.

Я нежно -нежно целую тебя везде, я могу целовать тебя где угодно каждый уголок твоего тела.

С каждым новым днем, хочется тебя видеть рядом все больше и больше.

Мы с тобой немного фантазёры очень нежные романтики мечтающие о прекрасной искренней любви друг на друга.

Мы слышим, в глубине души что-то нам говорит наше взаимная любовь. Чувствую покой радость счастье.

Думаю наши фантазии нас очень порадуют.

Ммне никогда ранее не было так спокойно как рядом с тобои.

Какое было счастье, когда ты была здесь.

Моей возлюбленной женой!

Je t'embrasse tendrement partout, je peux t'embrasser n'importe où, sur chaque coin de ton corps.

Avec chaque nouveau jour, je veux te voir à côté de plus en plus.

Nous phantasmons avec toi très tendrement de rêves romantiques d'un bel amour sincère de l'un pour l'autre.

Nous entendons dans les profondeurs de notre âme, que quelque chose nous parle de notre amour mutuel.

Je ressens la paix, de la joie et du bonheur.

Je pense que nos fantasmes nous plairont beaucoup.

Jamais auparavant je n'ai été aussi calme comme à côté de toi.

Quel bonheur c'était quand tu étais ici.

Ma femme très aimée !

Нам очень повезло в жизни, что мы нашли друг друга и наши половинки души и тела, энергия мужское и женское соединились.

Я просыпаюсь каждое утро и моя первая мысль о тебе.

Ты моя первая мысль с которой я просыпаюсь утром, и последняя с которой засыпаю вечером.

Когда я просыпаюсь, моя первая мысль - о тебе, и когда я засыпаю, моя последняя мысль - тоже о тебе.

А почему бы и нет? Мы будем неразлучны.

Это были не просто слова.

Это был не просто контакт.

А сплошные объятия душ.

Мои признания в любви для тебя!

Nous avons eu beaucoup de chance dans la vie, de nous avoir trouvés l'un l'autre et trouvé notre seconde moitié corps et âme, l'énergie du masculin et du féminin unifiés.

Quand je me révéille ma première pensée est pour toi.

Tu es ma première pensée avec laquelle je me réveille le matin, et la dernière avec laquelle je m'endors le soir.

Quand je me réveille, ma première pensée est à propos de toi, et quand je m'endors, ma dernière pensée concerne aussi toi.

Et pourquoi pas ? Nous serons inséparables.

Ce n'étaient pas seulement des mots.

Ce n'était pas juste un contact.

Une étreinte solide des âmes.

Ma déclaration d'amour est pour toi !

Мы собрались вместе для блага нашего сердца и нашей души, все события в нашей жизни, которые имеет очень важный и глубокий смысл.

Потому что те чувства, которые сейчас испытываю к тебе, это из глубины души, я не знаю, как это объяснить но словно все само осуществляется легко и спокойно.

Я с каждым днем познаю все больше тебя и понимаю, как глубока твоя душа, как много ты можешь чувствовать.

Я хочу тебя полностью в моей душе, чтобы тебе было нежно со мной во всем.

Я тебя люблю полностью в моей душе.

Сердце без тебя – пустыня, и ничего другого не нужно.

Nous nous sommes réunis pour le bien de notre cœur et de notre âme, tous les événements de notre vie ont une signification très importante et profonde.

Parce que ces sentiments que je ressens maintenant pour toi, viennent du plus profond de mon âme, je ne sais pas comment l'expliquer, comme si tout se faisait facilement et calmement.

Chaque jour j'apprends de plus en plus de toi et je comprends à quel point ton âme est profonde, combien tu peux tout ressentir

Je te veux complètement dans mon âme, que cela soit tendre avec moi en tout.
Je t'aime de toute mon âme.

Mon cœur sans toi est désert, et rien d'autre ne m'est nécessaire.

Я тебя почувствовал глубоко много лет назад.

Первый поцелуй с тобой был нежен и застенчив, я помню это было так, словно в первый раз в жизни.

Когда твои губы впервые коснулась моих губ, он был так нежен и застенчив.

Тепло твоего тела, нежность твоих рук, я хочу нежно покрыть твое лицо поцелуями. Запомнить ласки твоих рук и вкуствоих прекрасных губ!

Утром тебя разбужу поцелуем, и тихо скажу хочу я очень хочу тебя, нежно я улыбнусь.

Как же я жду того дня, когда наконец-то смогу обнять тебя.

Je t'ai ressentie profondément il y a plusieurs années en arrière.

Le premier baiser avec toi était doux et timide, je me souviens de cela comme si c'était la première fois de ma vie.

Quand tes lèvres ont pour la première fois touché mes lèvres, c'était si doux et timide.

La chaleur de ton corps, la tendresse de tes mains, je veux couvrir doucement ton visage de baisers. Le souvenir de la caresse de tes mains et goût de tes lèvres splendides !

Dans la matinée, je te réveillerai avec un baiser, et je dirai doucement que je te veux très fort, et tendrement te sourire.

Combien j'attends le jour où enfin je serai en mesure de t'étreindre.

Та встреча дала нам многое понять и почувствовать и произошло такое приятное развитие событий далее, я очень счастлив всему, что происходит между нами.

Да Дорогая та встреча дала нам многое.

Я тебя люблю и ты меня любишь да мы похожи и мы пара в делами в работу и в отношений до близости мы две частики одна душа, что в жизни может быть ещё прекрасней.

За — этот взгляд, я все готов отдать, в твои глаза любимые, родные глаза, таинство души и взрыв желаний.

Душа так хочет встрепенуться около тебя, за упасть на дно твоих глубоких глаз.

Я был пленен тобой мгновенно ты и есть подарок мне от бога.

Твоя красивая любовь с душа всегда открыта для меня, нас с тобой одно дыханье.

Взаимность чувства и ласковая, нежная рука главная награда.

И, если уж нашли друг друга, главное — не потерять!

Cette réunion nous a donné beaucoup de choses à comprendre et à ressentir un tel développement agréable d'événements à venir, je suis très heureux de tout ce qui a lieu entre nous.

Oui ma Chèree cette rencontre nous a donné beaucoup.

Je t'aime et tu m'aimes, oui nous sommes semblables et nous sommes un couple dans les faits dans le travail, la relation et l'intimité, nous sommes deux parties une âme unique, qui dans la vie peut être encore plus belle.

Pour ce regard, je suis prêt à tout donner, dans ces yeux aimés et proches, le mystère de l'âme et l'explosion des désirs.

L'âme veut tellement se réveiller à côté de toi, dormir au fond de tes yeux profonds.

J'ai été captivé instantanément par toi, tu es un cadeau de Dieu pour moi.

Ton bel amour avec l'âme est toujours ouvert pour moi, nous avons avec toi un seul souffle.

La réciprocité de sentiments et une tendre main affectueuse, comme récompense principale.

Et, s'ils se trouvent l'un l'autre, l'essentiel est de ne pas se perdre !

Я могу принести твоей душе мир.

Мы с тобой очень нежная тихая и спокойная пара, просто ранее у тебя до меня как никогда не было.

Если ты продолжаешь смотреть вовнутрь — на это требуется время — мало-помалу ты начнешь ощущать прекрасный свет внутри тебя, ты такая душевная красивая душа.

Твои нежные губы меня сводят с ума, твои глаза пронзают глубь моего сердца.

От твоего взгляда у меня мурашки по всему телу.

Я хочу ласкать твое тело бесконечно, хочу, чтобы ты всегда была только моей, ты сладкий нектар райских фруктов!

Je peux apporter la paix dans ton âme.

Nous sommes avec toi un couple tendre, doux, paisible, seulement cela ne fut jamais auparavant comme avec toi,

Si tu continues à regarder à l'intérieur, cela prend du temps, peu à peu tu commences à sentir la belle lumière à l'intérieur de toi, tu es cette âme belle et sensuelle.

Tes lèvres tendres me rendent fou, tes yeux transpercent les profondeurs de mon cœur.

De ton regard j'ai la chair de poule partout sur mon corps.

Je veux caresser ton corps sans cesse, je veux que tu sois toujours à moi, tu es le doux nectar des fruits du paradis !

Мне было большая честь познакомиться с тобой.

Вот это притяжение ощущения нежность желание и стремление быть рядом с тобой, я не знаю, как это объяснить но это так глубоко во мне, все эти годы и с каждым годом все сильнее, все ближе и приятнее с тобой.

Жду того дня когда смогу нежно обнять тебя и прижаться к твоей груди и услышать, как стучит твое сердце.

Если честно скажу, хочу увидеть в твоих глазах и радость и счастье.

Научу свое сердце молчать.

Потому что я больше не могу представить себе, как это – жить без тебя.

Я тебя хочу обнять.

Крепко-крепко целовать.

И всю ночь в любви купаться.

И никогда не расставаться.

Ce fut pour moi un grand honneur de faire ta connaissance.

C'est l'attrait de ressentir tendrement le désir d'être près de toi, je ne sais pas comment l'expliquer, mais c'est tellement profond en moi, toutes ces années et de plus en plus chaque année, plus près et plus agréable avec toi.

J'attends le jour où je pourrai t'embrasser doucement et me blottir contre ta poitrine pour entendre comment ton cœur bat.

Si je peux dire honnêtement, je veux voir dans tes yeux et joie et bonheur.

J'apprendrai à mon cœur à se taire.

Parce que je ne peux plus imaginer comment c'est de vivre sans toi.
Je veux te câliner.

Fermement s'embrasser.

Et nager toute la nuit dans l'amour.

Et ne jamais se séparer.

И даже самый обычный вечер может стать волшебным, если рядом с тобой человек, с которым уютно и тепло.

Случается, что две души встречаются и сливаются воедино, навечно попадая в зависимость друг от друга.

Они неразлучны и будут встречаться снова и снова.

Если во время очередного земного воплощения одна половинка оторвется от другой, нарушив клятву, обе тотчас угаснут.

Одна не может продолжить путешествие без другой.

Так нежно как сейчас еще никогда не было ранее.

Я очень жду, когда все это снова случится между нами.

А потом пусть все будет по воле Божьей.

Хочу так с тобой и никогда не разлучаться.

Et même la soirée la plus ordinaire peut devenir magique, si vous êtes près d'une personne avec qui elle est confortable et chaleureuse.

Il arrive que deux âmes se rencontrent et fusionnent, devenant toujours dépendantes l'une de l'autre.

Elles sont inséparables et se rencontreront encore et encore.

Si, au cours de la prochaine incarnation terrestre, une moitié se sépare de l'autre, en rompant le serment, les deux disparaîtront immédiatement.

Elle ne peut pas continuer le voyage sans l'autre.

Aussi tendre que maintenant cela n'a jamais été auparavant.

Je suis vraiment impatient de voir cela se produire à nouveau entre nous.

Ensuite que tout soit selon la volonté de Dieu.

Je veux être avec toi et ne jamais nous séparer.

Мы с тобой много лет очень осторожно входили в жизнь друг друга, мы с первого мгновения понимали, что нашли друг в друге то о чем мечтали всю свою жизнь, и мы очень долго познавали друг друга, хотя всегда чувствовали, что предназначены друг для друга.

У настоящей искренней любви нет возраста или срока, нет предела, как и нет смерти.

Пусть моя любовь хранит тебя всегда.

Внешность не имеет большого значения — важнее психологические особенности личности и эмоциональная зрелость, чувствую сколбько Богатая душа твоя.

Nous sommes entrés avec toi très prudément dans la vie l'un de l'autre durant beaucoup d'années, nous avons réalisé dès le premier instant que nous avons trouvé l'un dans l'autre ce dont nous rêvions toute notre vie et nous avons compris l'un de l'autre, déjà toujours ressenti que nous nous étions prédestinés l'un pour l'autre.

Le véritable amour sincère n'a pas d'âge ni de temps, il n'y a pas de limite, comme s'il n'y avait pas de mort.

Que mon amour te garde toujours.

L'apparence n'a pas beaucoup d'importance - plus importantes sont caractéristiques psychologiques de la maturité individuelle et émotionnelle, je ressens combien ton âme est riche.

Это большое удовольствие для души и тела, когда два очень взрослых человека, ничего не требуя друг от друга и прекрасно понимают, что хотят и что им нравится, дорожат друг другом и оберегают покой и любовь.

Мы все глубже погружаемся друг в друга, я это чувствую, мне нравится погружаться в тебя, нежно.

Для эмоциональной близости не обязательно почувствовать с первого, чем дольше отношения, тем больше между людьми близости душевной.

По моей душе разлилось тепло, словно это был знак свыше.

Было время с тобой, Было время, и душу открыв нараспах.

У нас с тобой было много времени, чтобы почувствовать понять желать и верить.

Мы погружаемся в друг друга, ты в меня, я в тебя.

Я тебя никогда не забуду, мне очень не хватает тебя.

Как мне жить без тебя, как дышать без тебя, там где ты нет.

В моих мыслях навсегда будешь только ты одна, мечтаю на горячих губах, вдыхать твой аромат.

Мне не важно, сколько времени ты со мной: час, день или всю жизнь, главное, что ты есть, спасибо за эти губы, спасибо за руки эти всколыхнуть душу.

C'est un grand plaisir pour l'âme et le corps, quand deux personnes très matures, ne demandant rien l'un à l'autre et comprennent parfaitement ce qu'elles désirent et ce qu'elles aiment, se chérir l'un l'autre et préserver la paix et l'amour.

Nous nous immergeons plus profondément l'un dans l'autre, je le sens, j'aime me plonger en toi tendrement.

Pour la proximité émotionnelle, il n'est pas nécessaire de la ressentir dès le début, plus la relation est longue, plus entre la proximité et la sensualité entre les personnes.

Das mon âme s'est répandue la chaleur comme si c'était un signe d'en haut.

Nous nous immergeons l'un dans l'autre, toi en moi, moi en toi.

Nous avons du temps avec toi, du temps, et l'âme s'ouvrit davantage.

Nous avons eu beaucoup de temps avec toi pour ressentir, comprendre, désirer et croire.
Nous nous sommes immergés l'un dans l'autre, toi en moi, et moi en toi.

Je ne t'oublierai jamais, tu me manques vraiment.

Comment puis-je vivre sans toi, comment puis-je respirer sans toi, là où tu n'es pas ?

Dans mes pensées, pour toujours tu seras la seule, je rêve de respirer ton odeur sur des lèvres brûlantes, respirer ton odeur.

Cela ne m'est pas important, combien de temps tu es avec moi : heure, jour où toute la vie, la chose principale que tu sois, merci pour ces lèvres, merci pour ces mains pouvant remuer l'âme.

Не каждый способен понять эротику общения через разум и дух, как покалывает тело, когда его душа поглаживается другой, я видел тебя голую, я трогал твое сердце, комфорт, когда кто-то не только понимает вас, но и чувствуе.

Любовь, как и уважение, — это не то, что ты получаешь, а то, что ты отдаешь, когда там много лет вместе, то с каждым годом понимаешь, как нужен и важен тебе этот человек, начинаешь ценить беречь заботиться и конечно хочется быть рядом.

Чтобы поцелуй оставил только приятные и волнительные воспоминания.

Внутренний магнетизм, когда человек чувствует душой глубоко долго серьезно и при этом не преследуя никаких целей, он просто счастлив, что чувствует, любит и свет в душе и глазах, чтобы любить для этого ничего не нужно, это просто искреннее светлое чувство души, не каждому дано понять где просто похоть а где любовь.

Tout le monde n'est pas capable de comprendre l'érotisme de la communication à travers l'esprit et l'esprit comment le corps frémit quand son âme en caresse une autre, je t'ai vue toute nue, j'ai touché ton cœur, le confort, c'est quand quelqu'un non seulement vous comprend, mais vous ressent aussi.

L'amour comme le respect n'est pas ce que tu obtiens mais ce que tu donnes, quand plusieurs années passent ensemble, alors chaque année tu comprends à quel point cette personne est nécessaire et importante, tu commences à apprécier les soins à prendre et bien sûr tu veux être proche.

Pour que les baisers ne confirment que d'agréables et démonstrations d'excitation.

Le magnétisme interne, est quand une personne ressent l'âme profondément, longtemps, sérieusement et sans poursuivre aucun objectif, il est juste heureux de ressentir, aimer et illuminer l'âme et les yeux, de sorte que l'amour n'a besoin de rien pour cela, c'est juste un sens léger et sincère sentiment étincelant de l'âme, tout le monde ne peut pas comprendre là où il y a juste de la luxure, et où est l'amour.

TABLE DES MATIERES

СОДЕРЖАНИЕ

www.ingramcontent.com/pod-product-compliance
Lightning Source LLC
Chambersburg PA
CBHW070834100426
42813CB00003B/613